Carlos H. Barillas Niederheitmann

BIG BANG

Editorial Kukul

© Carlos H. Barillas Niederheitmann.

® **Big Bang.**

Primera edición: Marzo, 2016

© 2012, Carlos H. Barillas Niederheitmann.
Editado por: Editorial Kukul 37-37. 037007 Los Angeles, Ca.
USA.

Impreso en Los Angeles, California. USA

Versión impresa (Primera Edición)
ISBN   978-0-9974095-0-5
Depósito legal: B. 37.037 – 2016

Disponible en Amazon Kindle y Nookpress
Versión Digital
ISBN   978-0-9974095-1-2

Qué sería del universo sin los ángeles. Y de nosotros qué, sin el afecto. A mi madre, a Eva la Zarzamora, a mis sobrinos. A mis hermanos del camino...

El autor.

Índice

Big Bang

Si elevamos al cuadrado nuestros anhelos más infantiles, habremos despertado al travieso y, tendremos que compartir el mundo, con muchos egos...

Jardines colgantes

Tal como céfiro que se filtra por un embudo, fueron las ideas las únicas capaces de subsistir a la hecatombe.

Brisa de ideas aparejadas del remanente de un mundo vibrante, encontró en la impronta del infinito su tubo de escape.

Para entonces, ya el mundo había colapsado.

Entre cadenas, fecundaron la inmensidad del sinsentido, formando jardines colgantes de bronce y cobre.

A los lirios de hierro, se les inventó un instrumento que antaño fue llamado badajo; desde entonces, filas de hombres de palo y piedra juegan a jardineros al compás de rítmicos sonidos de campanas que con el viento llaman a escuchar letanías; las que en una pileta bautismal, sin agua, único bastión solitario del mundo real, se le dio el nombre de misa… En el mundo ideal.

Así, a través de ese mundo de ideas, fue poblándose el universo después de la última implosión.

Epílogo:

He aquí el evento que precede al Big Bang.

Dic. 2012

Cuentan que...

...vivía recóndito, como llegaría a ser su mirada profunda en las cavernas de órbitas primitivas. Encerrado en el silencio, sin permitir que el ruido circundante le aturdiera. Ruido tan primitivo que aún permanecía inaudible; presagio, de lo que sería su andar ligero. El ruido sin sentido ni dirección, es caos peligroso. Así que, para contenerlo, inmóvil habitaba su crisálida taciturna, colgado de ramales inimaginables sin tiempo ni peso ni forma. Un gajo que llegaría a transformarse en el cuerpo más perfecto, fruto de las eternidades que gestaban un ánimo radiante.

Estaba. Sin pensar.

De alguna manera, ese ruido insurrecto entendió su fracaso y aceptando su derrota se marchó, dejándolo aislado por muchas más eternidades en espera de que en su gestación se le formaran orejas. ¿Cuántas tendrían que pasar? Se trataba tan sólo de dos orejas para poder arrancar. Un gran impulso de fe, orquestaba aquellas épicas y subrepticias batallas, cuando ni siquiera se conocía la paciencia; entonces, casi nada existía, sólo la fe traviesa. Sin orejas, era una guerra perdida. Así que, con un soplo se levantó polvo etéreo y el sonido se materializó. Apareció con forma de cabeza y cola, como un globo inflado con forma de esperma. Consiguió penetrar esa fortaleza, redondeada, aceite en espera de alumbrar los dos faroles, uno bueno y el otro malo, del candil en el cual se encontraba suspendido. El sonido, a manera de idea, le habló en su mente: -Mientras más largo es el silencio más la energía que acumula. Sin darse cuenta, aquel primer alumbrón, ruido silencioso, conspirador, llevaba en sí la trapisonda de la creación que rompía en consonancia, dando paso al fragor...

Sonríe, el flash.

Todo sonido se encarrilla, como empujado por una imagen, y, toda imagen converge en el recorrido que un sonido lleva desde el pabellón, hasta el pabellón... Le salieron orejas. Boca, nariz. Todo le brotó cuando el ruido se hizo materia. No tenía ni pelos ni pestañas. Ni cejas, ni ningún tipo de vellosidad. Lampiño resultó.

-¿Para qué tantas eternidades si ni pelo tiene? ¡Pero vaya físico nervudo! Tiene cara de globo inflado-. ¿Qué era ese sonido? -Al no tener noción del lenguaje, eso daba a entender su asombro.

Entonces sucedió. Sin explicar cómo.

Cuenta el que cuenta el tiempo, que salió del capullo a caminar en la nada y que el candelabro prendió las dos luces: la luz del bien y la luz del mal. En la fase comatosa del tiempo, salió. Como monje de futuros templos que, en sus misterios, terminarían un día por volverse antiguos junto a la práctica de aprender a dar pasos silentes, al caminar entre tallos de teocinte. Caminó con pasos ligeros. Uno, dos, tres, cuatro, caminó y siguió así contando pasos. Junto a él, apareció el infinito. Y en ese viaje infinitesimal de pasos ligeros, finalmente conoció el lenguaje a medida que fue andando, desenrollando eternidades, como la lengua con la que aprendió a hablar con voz de trueno: – Cauac.

Roto el voto de silencio el cielo nocturno se llenó de granos de teocinte en un estornudo. Y al igual que una luz tenue es un sol en la absoluta oscuridad, el primer sonido de la historia fue un estruendo que rompió el capullo y que salió de su boca de labios finos, alargándose en un sin fin de ooooooooooooooo… Como túneles vacíos formando universos.

-Pactar con el nahual de la teocinte y de los aguales que le sustentan. La nada estaba caliente, cocinándose en el horno de la creación, con relleno cicadáceo. Con ese pacto, adquirió dos tallos de teocinte que usó como brazos, los granos y la mazorca, fueron sus dedos. Granos que se convertían en soles para ir dando paso a nuevos soles.

Aguales montados sobre cometas. Suspiró.

La teocinte creció en dos brazos inmensos iluminando la nada. Pobre concepto "la nada" del llamado hombre. Hombre, llamado concepto entre conceptos. Se iluminó como una llama, como un tallo de luz, lleno de granos con luz, en un llamado sin entender de dónde brotó. Un día asomó y ya era llamada conciencia. Nació en el llamado silencio, con el entendimiento de las cosas. También nacieron las llamadas diferencias. Todo llamado, fue por su experiencia. Llegó, haciéndose llamar conciencia.

Y fue entonces, sólo entonces nombrado: el Llamado Labriegastro, por haber salido de las llamas.

Manojitos que antes eran Manojos. Manojos que habían sido puñados. Como desprendiendo granos de la mazorca y separándolos en montoncitos de diez en diez medidas, de cinco en cinco, y de uno en uno... Granos que las polillas etéreas iban comiendo, digiriendo y convirtiendo en polvo para hacerlos ínfimos promontorios de tiempo. La conciencia le dio a las eras el nombre. Nombre de tiempo les dio. Contándola en puños de veinte en veinte. La explicó a secretitos en el corazón de la nueva bestia, la que gracias a los aguales y mucho después de la teocinte, apareció diciéndose llamar Hombre que como pudo entendió el concepto y lo fue puliendo. Criatura que todo lo hizo suyo desde que se dio cuenta que ya tenía conciencia. Todo su entorno a merced de sus caprichos. Desde que se dio cuenta que todo era maleable y dúctil como la arcilla. Todos sus sufrimientos y sus luchas. Todos sus sueños y proezas. Desde que se dio cuenta de la dimensión de los sentimientos. Todos los creadores. Todos los imaginados e imaginarios. Desde que se dio cuenta de su vulnerabilidad. Todos los aparecidos y desaparecidos. Desde que se dio cuenta de cómo asustar. Todas las incógnitas. Desde que se dio cuenta que no hay dos almas iguales. Todas las vastedades. Todos los caminos. Desde que se dio cuenta del horizonte; horizonte, a partir de los pies de esta yacija. Todas las historias. Todos los mitos. Todos los temores. Desde que se dio cuenta que hay un más allá. Todos los despertares, todos los anocheceres. Desde que se dio cuenta que un escarabajo empuja al Sol. Todas las vigilias. Desde que se dio cuenta de otras realidades. Todos los padres, todos los vástagos, todos los parentescos. Todos, todos, todos. Hasta todos los nombres. Todos para uno y... Sólo lo propio dejó de ser para todos. Desde que se dio cuenta, como aquel que cuenta el tiempo paseándose por el celofán del cielo.

Así, desde entonces y sólo entonces, fue llamado Labriegastro...

Porque de su silencio nacieron los astros y de ellos una gran mariposa de luces. Astros que celan misterios. Así lo entendieron los bedeles de la conciencia. Fue el hombre (que vino al mundo como quien dice ciego), quien le bautizó con ese nombre en su incapacidad de alcanzar a ver la verdad; cuando una noche sorprendido, intimidado, sintiéndose inerme al ver aquella grandeza, cerró la boca para tragarse el hallazgo. Haber descubierto un cielo plagado de estrellas. Siendo tal la impresión que no alcanzó a digerir el bocado de conocimiento. Estrellas que como luceros fugaces entraron en sus almas a través de los ojos, ventanas por donde todo entra y todo se escapa. Estrellas que siempre le acompañaron aún antes de conjeturar y que, en su fulgor, eran confundidas con un parpadeo o con una boquita que intentaba decir algo.

-Los ojos son la atmósfera de la conciencia. Después que aprendió a hablar Labriegasto, ya no paró.

Labriegastro! Nombre que escucharon desprenderse de esas bocas afásicas que, durante sus noches compartidas, en vela, intentaban decir algo. Casi como en clave morse. Labriegastro! Labriegastro! Labriegastro! Labriegastro! Labriegastro! Repitiendo y repitiendo hasta el día de hoy, mencionándolo como canto de los tiempos, entre profecía y profecía. Labriegastro, el labriego de los astros, según entendieron.

La consciencia se mordía los labios al ver la ineficacia de sus lenguajes; imágenes, antes de ser sonido.

-Las imágenes suelen tener el defecto de ir acompañadas de imaginaciones.

De haberse enterado que ya tenía nombre, quizá habría congeniado con su historia. Mas, cuando nació el sexto de sus hijos, de un golpazo pulverizó varios puños de astros, granos de teocinte, que tenía por manos. Soltó escombros que fueron a dar por todas partes como proyectiles y fuegos artificiales causando gran pandemonio en la inmensidad de sus dominios, un campo sin principio ni fin. Cueva inmensa, cada órbita primitiva de sus ojos, de brillantísimas joyas sin precio. Orden recién establecido. Joven universo de muchos millones y millones de tiempos.

Se incorporó, y de los escombros que dejó el golpe, formó los anillos que coronan desde entonces al sexto de sus engendros. Mientras lo coronaba, apretaba los dientes, arremetía contra sus mandíbulas, miraba hacia arriba como profetizando en la aparición de un cielo venidero que para entonces no era más que la nada, nada que nada en la nada. Un vacío tan vacío que empezó a chuparlo todo para empezar a llenarse. Tal fue su enfado que sus ojos perdieron pigmento quedando azules como ese cielo viajero de milenios, por donde se pasea el que cuenta el tiempo en el celofán del cielo que pinta un camino de luz durante el día y otro de oscuridad por la noche. Volvía a apretar los dientes, una tronadera de chispas salía del carbón de la noche, disparadas a caminar por esos campos de la inmensa nada, inmensidad que empezó a ser plagada de astros y más nada, de incertidumbre y nada más, de más nada que la nada inmensa que a pesar de llenar y llenar termina siempre siendo nada. Donde las conjeturas nadan en la nada. Nada porque la conciencia lo sabe todo, pero nada revela, a no ser gotas extraídas del mar de los misterios. Por tal razón es nada que nada en la nada. Y de ahí, sólo la creación, navegante.

Así las chispas se fueron enfriando y creciendo para formar cometas provistos de la saliva eterna. A dar a los confines fueron. A rebotar en la nada invisible que en realidad tiene algo. Algo más que algo, pero sigue pareciendo nada porque no se entiende.

Como cosa de locos, fueron y vinieron, a engendrar hombres, bestias. Flora y fauna. Un hermafroditismo tridecasílabo que evidencia la vida, la recicla, la transforma. Se hizo el primero de los conjuros en los labios finos de Labriegastro:

...Dulce y amargo su beso de melancolía
Abre camino por la eternidad viajera
Fuerza maleable que en el universo impera
Es por amor que nunca muere, la noche o el día...

Miraba a través del principio y el fin, a su entendimiento nada quedaba oculto. Anticipándose, vio a los futuros hombres celebrar rituales con flautas y tambores, para callar el llanto de los niños que iban a ser sacrificados en tributo de su sexto engendro.

-Por eso rompo en chispas de ira y pulverizo un puñado de astros-. Y siguió dándole golpes desde adentro, a ese globo que ya estaba lleno de estrellas. Al final, Labriegastro era la esencia misma, la conciencia universal con las dos luces, una del bien y la otra del mal. El alma de un universo con forma de globo inflado.

Nuevamente quedaba impotente. El lenguaje de imágenes debería ser entendido por la totalidad; aun así, resultaba casi ininteligible, incognoscible, casi insondable, burlescamente sibilino. El nuevo hombre, el hombre nuevo, al discernir en que su creación fue la consecuencia de un evento caótico, se atemorizó de tal manera que adelantándose a su destino (porque hasta al destino hizo suyo), decidió pagarle tributo al sexto engendro, a aquel que devora a sus hijos y tiene la corona de anillos, ofreciéndole infantes que recién llegaban al mundo. Puros. Limpios. Pensaban que, de no hacerlo, el mundo acabaría.

-De conjuro en conjuro se fue formando la historia, dijo así, y con ello el segundo pronunció el segundo. Un segundo que, a pesar de serlo, resultó muy dañino para la humanidad.

FIgurante y engañosa es esta quimera
DEL sueño extraviado que va y viene latente
CAStidad varada del triste sueño espera
TROmpeta de la gélida muerte, es aferente.

-Émulo a la profecía que habla del hijo que destronó al padre.

-Un evento recae en otro...

Y, para opacar aquel aciago suceso, en medio de la destrucción, dio desahogo en la vida la anchura necesaria; enquistándose, junto con la conciencia, en el cogollo de las bestias que, en su momento, llegaría a entender la grandeza de los cielos en medio de sus propias confusiones y contradicciones, puestas con ese propósito.

...Cubierta por ceras de azul capullo
Resguardo de muchas vidas tu seno
Incondicional muestras tu amor pleno
Ofreces a manos llenas tu arrullo...

...y dicho el tercer conjuro, la ubicó tercera en la fila de ocho, a la que sería cuna de la raza humana. La Dama Rebosante. Una abeja maya, como fue llamada. Residente de una casa de espejos proyectados en el universo...

Los niños, que escuchaban el relato, no lo eran más. Eran ahora, después de concluida la narración, lo que siempre fueron. Almas flotando en espera de su nacimiento. La raza humana tenía ya muchos siglos de haber sucumbido, y el inicio de una nueva era estaba a la puerta de la creación.

Desde el infinito, Labriegastro observaba paciente en la resonancia de su ronquido eterno. Ronquido que arrulla todo lo que se ve y lo que está por verse.

Observando, cómo un mar de almas descendían como meteoros, al único lugar de la fila que resplandecía lleno de colores verdes y azules. Lugar donde seguirán sacrificando inocentes...

Oct. 2012

Hijo de la Oscurana

Reminiscencia de tempestades
clan clan clan clan clan clan
gotas que resbalan de las hojas
sobre el microcosmos pujante,
simulacro de la borrasca que se aleja.
Vaho y olor a tierra mojada
el suelo muestra sus entrañas
en el caldo de lombrices que se retuercen,
hálito que cuenta la historia de las estrellas.
Brasa que en los amaneceres arde a fuego lento
luz resfriada de callejones pedestres
esputa rocío, llanto de almas en pena,
de efigies ambulatorias y trasnochadas
amanecidas y desahogadas, borrachas de sereno.
Luz resfriada de cultivos supersticiosos
visitados
vigilados
vividos
premia con diamantitos la labor de los faunos,
brillantes sobre hojas verdes,
reflejo del micro universo sediento
donde insectos llegan a calmar su sed.

...Entre la paz de un día nuevo todo es aparente.

Los días, cada vez más viejos
más expertos
más callejeros,
sol de los campos y de amaneceres resfriados
se levanta de su catre llorón que suena a llanto de
infantes
en las verdes ramas de árboles que adolecen
cargando su luz.

Bajo la concordia, la luz en un infante que crece
y envejece.
…Y vuelve a nacer.

Hirsuto juego de apariencias,
bestias y hombres salvando el pellejo
buscan amparo en la sombra de un poder superior
tiempo y reminiscencia de tempestades
momento propicio para parir al Sol
hijo de la Oscurana.
Parto el imperio de donde vendrán guerras
al formar los califatos,
parto de los mil dolores
oído hasta los confines de lo eterno
tan estrepitoso que hasta la nada volteó al sentir
el estruendo
creando el viento espacial,
plañidos
gritos.

Centellas rasgando los cielos,
resbaladeros de demonios entrando en escena,
cada lamento quedó contenido en estuches
que revientan
que se vuelven estrellas,
grandes constelaciones,
grandes imperios del parto.

Hoy, Júpiter transita desde inicio de calendario
jugando a los amores arriba y abajo de Venus
con su trompeta
en medio de los cuernos de Tauro
va anunciando el porvenir de próximos eventos,
mientras Venus
al descubrir el juego,
despechada transita por los caminos del Sol,
leyendas entre leyendas.

Luz resfriada esconde el dolor de la Oscurana
gritos que llenaron galaxias en el alumbramiento
aún mantienen el movimiento
inmensidad de la noble negrura sin labios para
soplar
las épicas e inmensas y titánicas
e impredecibles y colosales
heroicas llamas de luces que escupen fuego y
esputan sereno,
se apagan y se vuelven nada
...

nada que nada en la nada
tan sólo un viaje de luz extinta
contando historias derrotadas
calentando la brasa que hace caminar a las
sombras,
clan clan clan clan clan clan clan clan.

Sol que calienta
Sol, hijo de la Oscurana.

Nov. 2012

Reinos y lacayos

Reinaba el silencio... Secundado por las implicaciones.

Nov. 2013

El nudo

Mano negra

Al creerme despierto, entendí que mi "acaso" dependía de un tercero.

Anticipándose a mi juicio, la transformación del nudo ya había empezado, imposibilitando la capacidad de ser yo el artífice de mi destino.

Entiéndase por nudo, todo aquello que se enreda y para lo cual existe una fórmula: -Ensueño intrincado entre quimeras y prototipos de vida, construidos para satisfacer el centro de mi existencia o a este otro ser latente que bifurca mi naturaleza, convirtiéndome en dos personas diferentes-. Un mismo camino que eventualmente serán dos paralelos, hasta que cada cual encuentre su destino.

En su representación esquemática el nudo surge de las tres pirámides. Para mí, serán tres guerras…

Permanecía dormido, atado siempre a la trencilla de sucesos por donde patina la vida, una pista de hielo, disfrutando de la modorra que me condenaría a ser víctima de las circunstancias o verdugo de mi propio ser. Cretino, sonriente, pastoso, conocía a mi otro yo.

Viajando en un cómodo más allá, lejos de parecer un extraterrestre empecé a adquirir condición parasitaria. La relación del tamaño entre la cabeza y mi cuerpo empezaba a convertirme en un hongo.

Es la primera guerra, una mano negra.

A medida que fue develándose aquel ser interactuante, el sociable y dispuesto a anularlo todo para la subsistencia del ser silente, mi verdadera esencia; esa introspectiva, la analítica, la egocéntrica. La parasitaria. Ambas, en declarada ambigüedad, entrelazadas gestaban el nudo. Y es así como termino enredado con el infortunio de no poseer un imparcial veredicto. Viviendo como lo harían dos personas ajenas que comparten un mismo cuerpo. Géminis temporal. Mientras una actúa la otra calla, resultándome imposible favorecer a una u a otra.

Injusto, por tal razón, con lo que he soñado y con lo que he vivido. Ser extemporáneo. Lo que imaginaba o impulsivamente hacía, fue legislando el desenlace de lo que hoy creo y pienso, o como diría la máxima de Descartes: - Pienso, luego existo.

En esta primera pirámide de este nudo, queda implícitamente correcto redundar en sí mismo al decir que soy un ser, como si la razón partiera de resultados matemáticos que en inicio parecen abstractos y se divisan en conclusiones de un acierto buscado, a pesar de que la suma de recuerdos al verse alterados por el tiempo y otros factores, nada tenga que ver con las ciencias exactas, aún partiendo ambos de axiomas. Es difícil definir entonces si los números y los puntos, al igual que estas premisas, realmente existan o provengan de la imaginación humana, o sean un conjunto mínimo de tautologías. De ahí que las interrogantes simplemente sean. Si tercas, caprichosas, infantiles, sarcásticas, eso ya las bautiza en otra dimensión, remitiéndolas de súbito a otros estratos. Mientras sean, simplemente existen. Se perece al dejar de ser y el temor recae en un culto exagerado al ego. Mientras correspondan, sencillamente se disfrazan. Mientras acierten, dejan naturalmente de existir y se transmutan. Mientras transmuten, vuelven a ser y se reanudan, abiertamente.

Así, atando retazos de certezas con el hilo de mi intuición obtengo divergentes, me encaminan a un aparejo de marañas destinándome al punto de partida, confusión. Cada misterio, un nudo en el camino transitado, con la curiosidad por norte.

Al salir del huevo, llevaba un manojo de dudas abiertas como rosas que empiezan a engalanarse, me di cuenta que cada divergente del dídimo ser, resultó un artificio de bufones. Cúpula insuflada en excitación. La historia nunca cambia, se repite con potenciación al infinito entre extraños elementos que disfrazan con arte a una incógnita, mientras se inventan atuendos elaborados con las fibras de la ilusión del acierto, pretendiendo definir algo en esencia singular. Hoy, por mis días transita una pesada gota de aceite que se escurre a lo largo de esta cuerda llena de nudos, un rosario que, al dejarlo suspendido, tomándolo con las dos manos, se convierte en una pirámide de cabeza y adquiere una dimensión femenina, poseedora de resguardo.

A de ser porque corresponde a una característica somática que le da origen a la materia, disfrazando con un aparente el orden de aquello que en principio fue, es, será; caótico. Maniobra tan enredada y mística como lengua de malabares, lenguaje que parece haber nacido en un nudo de lenguas. De lenguas enredadas. Lenguas que al hablar dicen una sarta de acertijos y mofas. Arcanos que me eximen de toda responsabilidad, ante la imposibilidad de respuestas en un mundo donde todo es añadido e incongruente a las verdades propias; exhibiéndome tal cual ser egoísta, celoso, perverso, polimorfo y de ahí, lo peor. Ególatra. Demagogo. Tiránico. Con la ambición de hacer prevalecer mi verdad, a pesar de que la incógnita siempre fue, es, será, más relevante en un mundo que languidece de certezas. Etérea propiedad indulgente, necesaria para la permuta de las almas. Imprescindible transmutación.

El centro de mi existir encuentra su debilidad inexorable en la lucha de iguales, ideales y desiguales, buscando hacerse fuerte en la charca de los peces voraces y desalmados. Transmuté de la inocencia a la supervivencia, competencia que me fue haciendo salvaje. Primitivo. Cavernario. Ser, aún sin luz. Pintando sonrisas endiosadas de grandezas falsas, encuentro nuevamente la condena. Preso de mi propio ego mientras imaginaba emancipación. Como ese esperma feroz que nada y penetra el óvulo sin enterarse que su instinto primordial busca con tal acción, engendrar otro ego y otro y... Proceso que se repite. El entenderlo me puso un poco atribulado y melancólico.

Empiezo a transformarme. Siento que mi otro ser se pone triste y aun ignorando sus razones externas, comparto sus sentimientos en este recinto de introspecciones. La vida patina sobre una pista de hielo. Eterno inexperto siempre resbala. La vida resbala sobre un rayo de luz que surca el universo.

Taciturno. Acostumbrado a mi pendón de soledad quedo adherido a la procesión y a pesar de ya no sentirme tan señero, me vuelvo introspectivo. Viajando inmensurables distancias por los triforios de las catedrales de mis interrogantes, descubriendo, observando, invirtiendo el análisis para dejar de contradecirme y hacer el camino un poco más afable, un poco menos subjetivo, menos tuberculoso. Toda verdad queda relegada a mundos más espirituales, enredos de nubes, neblinas y nebulosas, para volver a ser lo que siempre fui, soy, seré. Dos personas atadas a la supervivencia del hambre y de la trascendencia, momento en el que mi ser de afuera es capaz de matar y conseguir la fama.

No debería estar aquí. Es mi otro yo el culpable de esta situación. Yo, simplemente el producto del crimen y la consecuencia de los hechos. No logro entender sin embargo, todo el amor que acompaña a la tristeza, por eso sigo amando, amo a mi otro yo, al externo.

Reanudo entonces el inicio de este monólogo. Acerca de... ¿Qué? Es mi sentencia. De tener la respuesta me condenaría aún más, pues el proceso inquebrantable se repetiría, dando paso a que una nueva interrogante haga su arribo.

Sucumbo ante las limitaciones de la materia. Es un trabajo muy arduo, ese de andar buscando axiomas, el de querer hacer ciencia; cuando es la esencia, la que está emitiendo aromas incógnitos. Insondables. Abisales.

Efluvios que solamente la fe puede desentrañar para no caer en cualquiera de los vacíos del yo, donde la "Y" es apoyo y la "O" un túnel, que visto a la inversa es la mira, el enfoque. La "Y" un tirachinas, la "O" el perdigón, arma mortal del ego. YO. Me encuentro hecho un nudo y por eso me cruzo de brazos. Así, hecho nudo de brazos cruzo las piernas y también quedo hecho nudo de piernas, esperando el desenlace.

...Imperó el mutismo en la sala. Un silencio momentáneo, definitorio de eternidades. Un silencio analítico y asertivo, liquidado con un suspiro. Un soplo de razón, dinamo de una causa, motor de una vida.

Entre los pocos espectadores, se incluían algunos estudiantes de derecho penal.
No estaba claro porqué se le acusaba. Sin abogado defensor, a pesar de haber debatido él mismo su defensa, quedaba un poco a la deriva por desconocimiento de las leyes.

Inclinándose sobre su asiento y apoyando los brazos sobre el escritorio, el juez, después de haber lanzado un suspiro preguntó al acusado: -¿Tiene algo más que agregar la defensa?

Ante la negativa, guardó unos segundos más de silencio...

-Por ser ésta la corte más común -dijo el juez-, la indulgencia, recaería en una falta catastrófica. Aquí no se juzga, únicamente se condena. La imparcialidad está por encima de todo juzgado.

El delito -prosiguió-, agazapado como animal hambriento, espera afuera de la sala a todo incauto. Incautos son aquellos que se creen grandes y poderosos. Incautos quienes se dejan enredar en los nudos de la existencia. Aquí adentro no existen infractores. Infractores después de cumplir con el fallo y de hacer con sus ganas lo que mejor venga en gana. Aquí, nos encontramos en la corte de la vida...

Tomó el mazo y con un golpe proclamó sentencia:

-Cadena perpetua-.

Solamente pude recurrir a una frase que me diera la libertad:

-Siempre he sabido que se puede ir más lejos, en la imposibilidad de no tener a donde ir. Nacer, cuantas veces sea necesario y concluir con la primera guerra.

Jun. 2012

América

Dónde quedó
el pacto de lealtad...

Sin devoción
las estrellas jamás
se hubiesen convertido en dioses.

Ni los dinosaurios,
crisálidas cantoras,
llevarían hoy
tan bellos plumajes.

Obra del tiempo es…

¿Dejaremos perforar el Ártico?
Qué sádico es el dinero
para hacerle el amor al progreso.

Trépanos gigantescos,
perforando el cráneo del mundo.

Y América tiñéndose de rojo,
ante mundos sordos al SOS Venezuela,
no falta mucho para el rojo
de la sangre derramada

de una gran herida.

América…

No es reclamo, es incógnita,
maestra del disimulo
...decías amarme.

La fidelidad quedó
relegada a los estupores
aletargados del polo norte...

O es que acaso fracasé
en el intento
...de capturar al fantasma.

Aquél, el de los amores perfectos...

Mientras tú, maestra,
amancebándote con otro.

Se aman y se ceban
comiéndose y amándose
en el amancebamiento.

Y en absoluto descaro,
decías pensar en mí
...al consumar tu obra maestra.

Tercera llamada.
Ésta viene con hongazo.

¡BOMB!

Los filósofos,
que tanto discurren acerca del amor,
arriban a la dulce nada
fornicando con espectros
de locuras progresivas.

Tarrúo, me gritan por ahí,
las voces en mi cabeza.
Cabizbajo asumo mi destino,
si es que aún nos queda uno,
agarrando a patadas
al primero que se cruce en mi camino...

Ando celoso, como gorila herido.

Amar, es el lado sonriente,
amable de la esquizofrenia,
en un ámbito donde todos
quisieran aprender
a amar con locura para luego
desgarrar sus almas
buscando culpables.

Pero tú, maestra del disimulo, tú...

Hiciste de una historia de dos
un triángulo amoroso,
tan fácil como el uno, dos, tres,
de los más crueles que han existido.

Dos guerras consumadas y una tercera, latente.

Me engañaste conmigo mismo,
con el ser oculto, el insurrecto,
el guerrillero libertador
que se escapa por la ventana de mis locuras
y del cual no tengo ningún control,
ni siquiera le conozco.

Bendita sea la barca de la inopia
hasta que no navegue en tempestades.

Ambos, tú y él, se reían de mí
y en mi cara.
Al final, a quien en verdad amaste fue a él,
a ese de la Sierra Maestra.

Cómo competir contra uno mismo,
es imposible derrotar al yo,
cuando es un infame cobarde
que se esconde entre todas
las personalidades prohijadas,
de quien se pretende ser.

Mi otro yo me tortura,
el oculto a mis ojos,
el escurridizo a mi percepción,
el encantador y detractor de sueños.

Al que siempre amaste...

Ahora me culpas,
me hablas de mis defectos,
dices ser otra
que nunca existió.

Otro gran ejemplo
de una relación parasitaria.
Me comiste las fuerzas
hasta dejarme chupaíto, chupaíto...

!Así, no se puede!

Yo qué siempre amé.
Siempre.
Amé.
A la otra tú...

Ago. 2014

El nudo

La segunda guerra

Tremolando semejanzas, acude y se ausenta a ritmo de tamborón; baja de los palanquines a retozar, mientras las sílfides suavemente lo transportan.

...Recluso en mi castillo de espera, continuadamente entra y sale, entra y sale mi acompañante por lares de resonancias. Aquí no se adentra la luz, espera por mí allá afuera por si consigo salir. Debo recurrir a mi sentido auditivo y aferrarme a el, marchante de misterios que a sonsonetes mide distancias, será mi compañero de cuñetes, eterno amante de estos cautiverios.

Un genio amorfo de rítmicos aplausos e intermitentes pasos de brinca charquitos, va recorriendo los pasillos, anunciándose con singulares campanas y aparentes cadenas. Viene y se va marcando el paso a ritmo de tamborón.

-Bombo bombo bombo bombo...

Empiezo a cobrar conciencia, acompañado de este eco balbuciente al que he bautizado mi acompañante; eco sin más, de mis enflaquecidos sentidos. Sentidos que me hacen ver distancias de sentidos que se marcharon, mientras me enteraba de faenas ajenas; muy sentidas, separadas de mi realidad por un mundo, desenlace de muchos otros mundos. Y en medio de mis conflictos de recluso, creerme inocente, sentirme inocente, llega la primera introspección, de mi segunda guerra: -Me encuentro aquí...

En otras condiciones sería una irrisoria reflexión pero es inútil preguntarme ¿Qué hago aquí? Tan sólo me encuentro en un parpadeo de la infinitud, intrínsecamente adherido al viento eterno.

Diluyo pasado y futuro en una vela. Al encenderla, brinca de ella un aliento luminoso, magnético y resonante que a partir de mi figura, proyecta la sombra de mi presente condenado. Por buscar el amor. Grabada en papel quedará la imagen. Por buscar el amor...
Por amor se entrega la vida esperando nunca entrar en el lado obscuro del sentimiento, pasillos retorcidos, levantados con muros de ladrillos de lamentos, de tortuosas ideas, de celos, de ansiedades obscuras.

De donde vengo, sintiendo, muchos hablan también del odio. Otros lo infringen. Existe el temor. Por tal, prefiero estar del lado claro del rencor. Muchos dicen haber conocido el amor después de haber odiado al mundo. Al amar, lo hacen siempre con el ego. Siendo ellos el centro mismo de su universo vacío, ineficaz; terminan odiándolo, para después declarar que simplemente, han amado con las fuerzas del corazón.

El principio de todas las guerras radica en el magma del mundo. ¿Y cómo explicar esa locura? Cada cabeza es un mundo. Cada magma es el ego de uno mismo, bola de fuego que hiende el camino. Bolas de fuego que son una profecía. $E=MC2$

Por esa razón es que aquí me encuentro... El lado obscuro del amor es al odio, como el amor es al lado claro del rencor.

El eco es ahora mi compinche de resguardos, arduos, arduos, arduos...

¿Cómo interpretar sus cacofonías, cuando el eco es un fantasma? Precisamente, son los fantasmas, acompañantes de mundos solitarios y solos. Resonancias disminuyéndose en los sentidos. Gallardas, frente al portón de la oreja, van agazapándose. Inclinándose. Volviéndose cada vez más pequeñas a medida que avanzan por el canal auditivo. En mi mente nada de eso es verdad. Vivo realidades invertidas. Se aumentan. Mientras más sonoras, más seguro me siento. A medida que desgastan y pierden altivez, me hacen sentir más pequeño en este abrumador resguardo, arduo, arduo, arduo...

He de aprender a articular esas cacofonías. Arrinconar más atrás del subconsciente todo lo que hasta ahora he dominado. Manipular mi tránsito por esta nueva realidad. Todo aprendizaje es útil, incluso aquel que por inspiración llega en momentos de solitud.

Aquí...

La supervivencia, artificio empleado para reciclarse y aparecer en otras vidas, debería ser el primer empujón de la creación; no es más que, la primera excusa, para mitigar la culpa que viene de los sentidos. Ahora entiendo que los causantes de todos los males han sido siempre los sentidos. Aquel que no es sentido pasa de incógnito. Como flor del campo ignorada entre sus símiles. No existe, al faltar al quinto de los mandamientos.

La supervivencia, debería ser el primer suspiro. Suspiro de facultad tan eterna, como la materia que lo sostiene entre invisibles cuerdas que elevan nuestros ojos para ver al universo. El universo se sostiene en cuerdas, una teoría que derivó de los nudos y las tres pirámides. Aún así, en este microscópico espacio-tiempo, andamos sobre la cuerda floja.

He venido e iré a pasear por el infinito, náufrago de una conciencia. Alcancé a anclar en un islote cavernoso. Paciente me esperaba mi otro yo a que lo rescatara. Lo imagino como las trenzas de una larga cabellera, yo el parásito que las recorre en un mar de pelos montados, atormentados; en el caparazón de un piojo que me sirve de barca, ya sin esperanza.

En contradicción a mis febriles fantasías, al no tener a donde ir en las limitaciones de este recinto, he decidido explorar los rumbos reservados más allá de la luz. Todo son filamentos, universo redondo dividido a la mitad por un grito que lo atraviesa, como tratándose de una centella anunciando las polaridades de este mundo, compatibilizar o no con el entorno. Un camino simulando fronteras. El conocimiento recurrió a los lados de imaginaciones turbadas, de donde ya no encontré retorno.

Con la misma compunción a los hombros, heredada del primer desobediente, compartiría el sentimiento de haber sido expulsado del paraíso pero no entiendo mi pecado.

Inicua manipulación: Amenazar con la vida, en la imposibilidad de conseguir un estado de permanencia, ahí donde no existen las faenas. El desenlace, vivir extraviado, alma y cuerpo en lugares diferentes. Ser sin sombra, sin una vela encendida en la mano. Ermitaño sin quinqué.

He de detenerme a atisbar los abismos de este camino, se corre el riesgo de perderse.

...Los pasos del sereno, mi acompañante, retumban con eco de tamborón en este recinto ajeno a la hostilidad. Afuera, bufa el mundo del reciclaje, sonidos que llegan deslizándose sobre un conducto bramante, hasta los dos vasos comunicantes que me servirán como orejas, en este destino que a la fecha se me presenta abstracto. Soy el núcleo de un teléfono en experimento. Eco solitario, centinela inofensivo, es la humana hebra de la cordura que va dejándome en calidad de péndulo, esperando que llegue la hora.

La sentencia fue dictada, el fallo dado.

-Bombo bombo bombo bombo. Bombo bombo bombo bombo.

Son los filamentos, esos que en la convivencia se intercambian como vellones de vida. Amalgamas de plata y cobre que endulzan nuestros días con su valor. Ahora empiezan a romperse pues ya de poco sirven en esta absoluta obscuridad, baluarte de mi introspección, que va debilitando el cordón que se me enrolla al cuello y sustenta mi calidad de péndulo. Verlo, no necesito; de la forma como me aprieta y va cortándome el aire, puedo imaginarlo mucho más allá de sus orígenes, desde que salió montado en la cola del primer cometa y fue lanzado con el impulso de una honda. Vino a dar a mi cuello y se enrolló como culebra.

Insisto en mi inocencia, es mi otro yo quien sin quererlo, me está ahorcando...

Sé que sufre tanto como yo.

En principio naturaleza, luego hebras y más tarde cordón. Cordón que me estrangula, que va dejándome ojos saltones. Nunca quiso ser el vehículo de este final tan triste. Hubiese preferido convertirse en la otra opción, la de atar dos mundos completamente diferentes provenientes de una misma concepción, la misma chispa de vida, y no ser una horca prematura.

-Bombo bombo bombo bombo. Bombo bombo bombo bombo. Bombo bombo bombo bombo.

No se cómo salir de ésta en la que estoy metido. Me invade la angustia, la necesidad de salir. La obscuridad me arropa y se me dificulta poder respirar.

Siento que soy arrastrado o empujado hacia una nueva vida, es una fuerza ante la cual soy incompetente, que quiere arrancarme de mi socorro de existencia. Me abruma. Me envuelve, me retuerce. Me aprieta, me aturde, me abate. Me va dejando sin respirar. Estiro las piernas, lucho con las manos. No consigo nada más que zozobras. No fui hecho para el encierro y de no ser por el eco, ya ni la razón me acompañaría. Siento el estrés llevándome a punto de histeria.

Grito, nadie me escucha. Vocifero, de nada sirve ¿Será acaso porque no he aprendido a gritar? -Puede que si. ¿Será porque no soy un sentido? Y de ser así ¿Seré escuchado cuándo aprenda a gritar? La respuesta conllevaría a otra interrogante. Las incógnitas únicamente arrastran otras, la verdad queda en segundo plano. De ahora en adelante, haré uso de los enigmas para debatir mis asuntos y así, salir triunfante de esta amenaza. De nada sirve persuadir con verdades, éstas provocan vorágines peligrosas. Y esto, que ahora tomo por verdad, también entra en cuestionamiento.

Algo me empuja, y mientras lo hace el cordón me ahorca. Me sigue empujando, me sigue ahorcando.

Empiezo a rendirme y a desvanecer.

Qué enigma tan raro el de querer amar y querer vivir.

Entro en un estado de relajación muy parecido a la paz. Siento sueño, mucho sueño, no consigo más estar alerta.

Todo son enigmas: -Mundo de ansiedades, las cargas de tu agobio las escondes en la conciencia. Tiras la llave. Las sacas a pasear para hacerlas reír y llorar en escenarios de incomprensiones, en obras teatrales inconclusas, volviendo épico aquello que simplemente es naturaleza, universo, creación. Haciéndome creer que alcanzo la gloria. Nada es. Simplemente lo establecido, el propósito inicial de la gran obra. Esa es la verdadera grandeza. La confusión es trabajo de otras entidades. Ambiciones vanas, todo es querer poseer. Encumbrarse. Galantear. Ostentar. ¿Qué vacuidad intento llenar? Qué soledad tan inmensamente inmensa me acosa inmensurablemente, en estas noches desmesuradamente descomunales carentes de luz, de esperanza. Noches de horizontes extraviados y de insondables vacíos.

¿Será la misma ausencia de Dios?

...En ese momento enigmático, una madre pujaba con todas sus fuerzas en una sala de parto. Gritaba. Arañaba las sábanas. Mordía un trapo para aguantar.

Estaba por dar a luz al hijo, que de llegar a nacer, sería la salvación de su propia vida y la conciliación de todas sus penas. Venía con el cordón umbilical enrollado al cuello, poniéndolo azul por la falta de oxígeno. Luchaba por su vida.

-Presenta síntomas de anoxia, comentaban los Galenos.

Languidecido, afuera del vientre, los tocólogos hacían lo posible por reanimarlo. Tendido en una camilla lo sacudían, lo movían, y no respondía. Le daban oxígeno, volvían a sacudirlo pero el eco de las palpitaciones del corazón de su madre, desaparecía en el nacimiento, dejándolo triste. Su único compañero no estaba más con él.

Una voz, como la de un juez proveniente

de otras esferas, hablaba con el recién nacido:

-No caerás en ninguno de los vacíos del YO. La "Y" tiene la forma del útero de tu madre y la "O" el lugar por donde has de salir al mundo. Ve a cumplir con tu cadena perpetua.

...Nadie podría decir, que después del alumbramiento, en esa lucha que tenían los doctores por reanimarlo y la de él por atrapar un poco de aire que le diera la independencia, una corte celestial estaba en proceso, decidiéndose el lugar a donde sería enviado después de haber estado en su castillo de espera. Esos segundos de lucha por sobrevivir, parecían largas horas de debate en la corte, un lugar donde no existe el tiempo. Su monólogo:

... O cómo, o porqué, o para qué. O dónde, o cuál. O quizá cuánto...

Cuento con el infortunio de no poseer un imparcial veredicto. Injusto, por tal razón, con lo que he soñado, con lo que he vivido, con lo que...

Era el resultado de lo que había aprendido en los momentos de solitud, acompañado del eco, y lo que determinaría finalmente su destino. Si era un ser para vivir o no.

A medida que empezaba su cuerpo a adquirir color y temperatura, los primeros signos de reanimación se hacían presentes. Su monólogo reincidía como disco rayado, entrando cada vez con más fuerza a este mundo. Se repetía una vez más:

...Efluvios que solamente la fe puede desentrañar para no caer en cualquiera de los vacíos del YO, dónde la Y es apoyo y la O un túnel, que visto a la inversa es la mira, el enfoque. La mira, el enfoque. La mira, el enfoque.

...Soltó el llanto!

Al llevarlo a brazos de su madre, ésta lo miró con inagotable ternura y derramando lágrimas lo puso a descansar dándole la bienvenida, acogiéndolo con todo su amor en su pecho. Ambos habían librado una ardua faena.

El llanto del infante cesó al darse cuenta que su compañero de soledades aún estaba ahí, en el regazo, saliendo del corazón de su madre. No lo había abandonado.

Bombo bombo bombo bombo. Bombo bombo bombo bombo. Bombo bombo bombo bombo. Bombo bombo bombo.

Bomba...

Vivir.

Jul. 2012

El Nudo

Estor que se levanta

El párpado cerrado se envuelve en noche como caracol que se esconde. El ánimo, es un músculo retráctil que de no ejercitarlo se convierte en ánima y fámulo de cualquier propósito.

Diáfano estor que se levanta, lleva consigo el encargo de guardar a la luna en arrullo de limpidez...

Ojo cerrado. Cuna mecedora en cada guacalito de los ojos, recubierto por un párpado de sombra. Al abrirse se hace de día en media cara del mundo. Estor que se levanta. No como reflejo colándose por debajo de una cortina. Es suelo despertando, estirándose entre ramales de pestañas. Abre trocha con la alborada diseminando caminos de luz. Desplegando alfombras. Tentáculos empolvados por donde saltan grillos y corre el alba con carrerita de indio que lleva al sol -color de tomate tierno- quemándole la espalda y metido en su mecapal - colgajo de incertidumbres-, dándole la frente a la faena oriunda que está por venir.

Hasta para despertar a la tierra, cuesta trabajo. Lo hace difícil, la gran similitud o gran diferencia existente entre la bisagra de los hombres, sus cinturas; unos andan erguidos durante el día, otros casi se arrastran en cuatro patas durante la noche.

...Tanto tanteo entre sombras del amanecer, forma a serviles y a tiranos, a valientes y a acobardados. Los amaneceres no deberían nunca convertirse en productos de mercado...

Antes de cosechar el día, reventadero de luz por todas partes, las semillas palpitantes de su gestación, aparecen nuevamente disfrazadas de dioses paseándose por los campos del infinito; majestuosos, feudales, usando el lenguaje del silencio para hablarle a la consciencia.

...Allí, en esos sigilos inexplicables de la vida, desenlaces entre sueño y pesadilla, se separaban los sonidos, distanciándose entre sí para adquirir autonomía y dejar de ser ruido...

Jugando a ser galaxias, todo poderosas en su diminuto espacio de escala universal, cada sonido, distante, viajero, iba tomando forma propia, colisionando con otros en tránsitos comunes -y como mientras hay ruido ya no se puede dormir- mundos ocultos vestían al silencio de verdugo. La vida, decapitando sonidos, separándolos como chorro de agua en medio de una pelea de perros. Bullicio en busca de lo que fuera para reventar con ruidosas ganas. Con ruidosos gritos. Con ruidoso escándalo que nadie escuchaba; el miedo, los dejaba sordos y hasta ciegos. Mudos y en silencio. Como si no pasara nada. Pero pasaba. Estaba pasando.

Pasaba que, paseándose entre tinieblas, definir con acierto la gama infinita de realidades tenía resultados ambiguos. Si dormidos, el párpado cerrado. Si despiertos, el párpado abierto ¿O era todo al revés? El tiempo peregrinaba entre eras y eras o seres y serás. Ceras errantes, vagabundas de la obscuridad y la existencia, comprometidas al materialismo; lo que no se ve, no existe. Ceras con cáñamo ya son candela y con pólvora, dinamita ¿Porqué es que estando de cabeza pensamos que permanecemos de pie, mientras los murciélagos o los chupasangre, colgados de sus pedestales saben que no están durmiendo al revés? Al no haber luz reinaban tuertas figuraciones. Un ojo abierto y el otro cerrado, era ver para creer -El tuerto es Dios en tierra de ciegos, tal como un parlanchín en tierra de mudos, intimidaría con un par de ladridos-.

...Alejando los pasos del eco, asomaba la cara el silencio entre tumbo y tumbo buscando un soplo que lo hiciera más etéreo. Nube densa. Gas que iba consumiendo el oxígeno, colándose por las rendijas y volviéndose materia como un lazo que ahorca. El eco, encapuchado con mantas llenas de sumos vinagrosos, levantado en su protesta lo asfixiaba en el sonido, en la bulla que viajaba alrededor de la esfera celeste. El silencio soltaba más y más gases buscando perpetuar una tiranía viendo hacia el sur; sur que ya está Maduro y acabando. Nico. Nico. Nico. Ni cobardes ni ausentes dejaría se, reinar al silencio. Bulla, mucha bulla. Trapisonda. El párpado continúa cerrado y nadie quiere decir nada. Bulla y mucha calle hasta la 350. Así, la lucha se fue dando como en épocas del oscurantismo, el silencio hacía uso de entidades provenientes de mundos espirituales. De aparentes luminiscencias que en realidad traían obscuridad. Un chakra iluminado en tierra de bueyes sagrados obrando influencias. Ni orejas, ni ojos, ni hocicos, ni patas, ni colas; maduro tu mundo es ilegítimo, como decir: -el mundo será ilegítimo mientras duren las sombras...

La noche, transaba su traje de abalorios a cambio de ventas ilegales de pequeños pozos de luz, al punto de llevar a la noche, la negra noche color petróleo, a la quiebra. Un negocio tan atractivo que desataría una tercera guerra y con la cual, los operantes de las sombras, tenían en jaque y amenazado a los que podían llevar la luz.

Con la noche endeudada, sin más pozos de luz alumbrando, la oscurana adquirió un aspecto muy aciago. Tal parecía entonces que la obscuridad hendía su camino sobre el silencio, haciéndolo cada vez más profundo y denso, en pleno saqueo de estrellas.

Entonces, en medio del silencio y la obscuridad, la naturaleza encontró un impulso. Cantó el eco. El eco que venía asfixiando al silencio, un gallo iluminado anunciando el despertar. Estor que se levanta, guardó a la luna en arrullo de limpidez y comunicó su encargo: - por obscura que parezca la noche siempre hay un despertar.

...Cristal soplado se vuelve el mundo, hecho con bravura y forjado en fuego...
La claridad fue llegando entre neblinas frágiles que de a poco iban formando nubes, ejército de mil cristales dispuestos a asfixiar los últimos vestigios de silencio y obscuridad. Usaron las nubes sobre sus cabezas como guerreros franela y decidieron salir a combatir y llamar al día en un mantra de guerra.

Luna creciente, brío de su valentía
Torero es el tiempo, la noche una corrida
Día y noche un parpadeo, toro es la vida
Nacer al abrir los ojos, todo confluiría

Lo que antes fue obscuridad y silencio, en medio del ruido que nadie quería escuchar, iba tornándose claridad. Todo ilegítimo estaba destinado a sucumbir. Todo traficante de estrellas, de pozos de luz de la noche negra como el petróleo, desesperados se amparaban en el soborno para no terminar recluidos en las mazmorras de la verdad. Nada podían hacer. El canto del eco, del gallo iluminado, llegaba hilando en verde; mientras el iluso gusano, aún vivo, continuaba satisfaciendo su apetito voraz.

La obscuridad no quería ceder. Su estrategia era simple, acabar con cuantas estrellas en el firmamento le fuera posible, en tanto la claridad no se levantara; para conseguirlo, debía hacer uso de una serie de aliados obscuros quienes cobraban un alto precio. El estratega de tal asalto era reconocido por su "Caimán dormido", asesoraba y atesoraba todas las riquezas empaquetadas en los pozos de luz.

Como tirando de una media, el ofidio empezaba a cambiar de piel, dejando sus escamas viejas y usadas.

La batalla, entre luz y tinieblas, fue muy desigual pero la claridad se fue imponiendo. Fue asomando montada sobre un crepúsculo no sin antes haber entregado sueños, hijos, hermanos, amigos...

El párpado empezó a abrirse como estor que se levanta. La obscuridad no estaba más y aunque todo había sido un pestañeo de la historia, trescientos milisegundos, la experiencia fue triste y nefasta. Era la hora de la claridad y de reconstruir todo lo sacrificado.

Nacer. Vivir. Soñar. Tres partes que resumen la vida. Dos guerras previas sazonando los ánimos de una tercera.

Un parpadeo. Una vida. Muchas vidas.

Solamente un parpadeo...

SOS Venezuela.

Jun. 2013 - Ago. 2014

Eternidad

...El momento seguía siendo el mismo, dimorfo y continuo, eterno y cambiante, algo irrelevante en asuntos de percepción, un tropiezo ante la existencia.

De tal manera que, mientras se columpiaba, pensó: -Si pudiéramos detener la más fútil fracción de un segundo atómico, en ese momento preciso en el que se detiene en su vaivén sempiterno antes de caer suavemente como péndulo de un lado al otro, oscilando sobre su eje en un columpio infinitamente microscópico, dinamo del tiempo, nos volveríamos eternos. Esa es la clave, acortar en menos de un parpadeo toda la ventaja que nos lleva el tiempo. Pero eso de querer estar para siempre es cosa de locos y más que de locos, vivir con apegos es cosa de incautos.

Por lo tanto, la partícula del tiempo, siguió columpiándose, y no volvió a pensar.
Sólo existió...

Ago. 2012

Nada ambivalente

Gigante terrible,
la nada, o se impone o se contradice…

En la voracidad de su absolutismo,
converge en la vulnerabilidad
de todo tirano.

Precisa de uno para interpretar su existencia
...perece.

Y, cuando se encuentra,
no es más que un concepto parcial,
alegoría de un gigante, derrotado,
un aparente;
espejismo de algún desierto en medio de la
concurrencia,
cuerpo de cuatro extremidades y un cerebro,
igual que hombre,
animal.

Pero no es solamente eso.

Una grieta,
ausencia que se burla de la nada
vaciando conceptos que nunca llegan al cero,

abriendo rendijas con sedimentos que hieden a muerto.

Al levitar las almas,
la confusión en el comité de bienvenida,
está como zopilote que confunde las cresas con
un festín de arroz,
sobre bisagras de cuerpos inertes que separan
ideas e ideales.

La realidad, hace tropezar a cualquier alma
elevada,
ofreciéndole un cofre de aromas,
fétidos sentires en ascenso al quedar expuestos a
los tiempos,
trepando por nosotros,
arañando las fosas,
nasales arrastrando los efluvios del llanto,
del miedo,
del dolor,
del llanto...

Carcarcarcarcarcajadas rebotando en su propio
eco
son en apariencia balidos de carneros,
víctimas de dictaduras disfrazadas de pueblo,
pernoctadas entre ceniceros que eructan olor a
colillas
y discusiones empujadas a las tarimas,

arrastradas,
pateadas,
escupidas,
humilladas
por discursos que materializan el camino de la
nada
entre paladares donde retozan lenguas de orates.

Para imponerse,
la nada debe recurrir a la destrucción,
apagar luces,
colapsar mundos,
estrellas,
silenciar genialidades,
mientras la unidad de la diversidad continúa
formando universos,
dos extremidades ambulantes resurgiendo del
caos eterno
como tamales en hojas de plátano (resultó verdad
lo de hombres de maíz),
envueltos y dando vueltas...
En medio de la nada,
de aquello que aparentaba ser algo
latente en esperanzas.

Para atravesar el sendero
la nada pensó cerebros,
masas supervivientes que lucen como bola de
gusanos.

Despejó caminos...
llenándolos de trampas.

Declarándose en guerra
contra la creación,
la nada comprendió que para existir debe
suprimirlo todo.

Sopló sueños en el aniversario de las tinieblas
volviéndolos crisálidas,
chicharras,
o presas de alguna araña.

...Zumban los oídos y aparecen luces que no
existen...

Retintín de monedas que en su suerte de piruetas
dibujan ruletas rusas que salpican de tinta roja el
paseo.

El pacto de la Tierra es pacto de sangre,
todo apacible desde esta perspectiva,
el caos se evidencia mientras más se forja
en asechanzas de la realidad,
como es el aire, mutante,
partículas opacas de oxígeno maquillado
que ante el asombro,
ya es cemento con ventanas y con progreso,

con chimeneas y contaminación.

La parásita nada, recurre a la industria
disfrazándose de la abuela que teje de día y de
noche en su mundo viajero,
una silla mecedora que tiene su vaivén en
traslación y rotación,
proceso que la va transformando en algo:
Cabeza y cola multiplicándose por millones,
todos absortos en busca de un huevo.

La nada deja de existir y en medio de su ruina
...perece.
Empieza a entenderse a sí misma desde el fondo
de sus fracasos,
universo palpitante en el entendimiento de
muchos seres.

La nada vuelve a recuperar su existencia en
medio de su próximo caos...

La nada transita por un pasillo...
al cruzar el umbral
...ya es algo.

Jun. 2013

Cuento errabundo

Sin gravedad andamos perdidos.
Cautivos de aires ignotos…
Abanicos de mentes sin ideas,
son las orejas, aletas de un olvidado
céfalo errante…

Tal es, la manera oculta
para explicar la gravedad perdida…

Hechos nudo en el ombligo del caos universal
convertimos al mundo, vilipendiado,
en una cajita de espíritus confundidos,
insatisfechos y en claro desatiento,
con más almas en pena que el mismo abatimiento
de sus verdades latentes,
en espera de tardías primaveras,
huésped perenne, en las espinas del rosal.

Altoparlantes llorones, orejas y embudos

por donde rueda la materia de estas existencias
infaustas,
porque es la boca, yacija a nuestras ya exánimes
lenguas
en un entorno donde poseer es el nuevo pecado
disimulado.

¿Qué persiguen? ¿Qué cargan?
Los cucuruchos de procesiones errantes...

Dolientes, ven al vacío
de las esperanzas que revotan
en cielos cansados, azules vestidos de gris;
abajo, trajes largos de color bermejo,
trajes que se alargan y estiran,
adonde tiran los proyectiles
relapsos de pinceladas
en lóbregos lienzos de intentonas de artistas
que pintan ciudades bermejas,
mientras al hilo de su oficio
se preguntan incansablemente,
estos residentes de hospicio,
por los ausentes; aquellos defraudados por la
patria
que salieron a caminar,
aquellos defraudados...
que cayeron al caminar.

La fidelidad al verse traicionada

fragua las más sórdidas venganzas...

¡Mentira!
el hombre no es dueño de sus silencios
guardados,
el disimulo es coautor del yugo
cuando los dientes que muerden el fruto
prohibido
son la guillotina que hará rodar a los cabezones,
hojas afiladas que caen como párpados pesados
de los fanales, final de un túnel olvidado
o el principio de un mundo perdido,
náufrago de su propia historia errante,
rodando y gravitando alrededor de astros
abatidos,
cuerpos de luz refulgente como ojos abiertos,
cunas de imágenes que lloran como canoas
heridas
que luchan, luchas perdidas.

Luchan, por no hundirse en la hornacina
de sus pechos escapados,
de donde cuelga la promesa del escapulario
marrón,
pechos huidos, asustados,
mientras transportan al navegante mortecino...

Allá está el horizonte coronado por Xaman-Ek
un clavito en la pared del cielo

de donde cuelga el mundo olvidado,
la cabeza del ahorcado,
péndulo a contrapeso,
de este cuento errabundo.

Abr. 2012

La profecía de las bolas de fuego

Pobladores de las tierras de los gigantes dormidos, somos una bola de fuego, órbita de otra bola de fuego. A ambas, las vi hender el aire sobre la pantalla infinita de aquel cielo nocturno horadado por estrellas y con un vestigio de hilo, de luna.

El apercibimiento llegó en onomatopeya, en nerviosismo, en inquietud, en alarma. Presos, de su sexto sentido, estaban los animales intentando comunicar el arribaje de la gran sacudida. El coro caótico de ladridos y maullidos de todos los perros y gatos, secundados por el cacareo de gallinas y graznidos de alarma de las aves, era como escuchar el preámbulo de una noche histórica. Más era la desesperación de los animales, al notar que ningún humano entendía sus advertencias que el mismo miedo a sentirse desamparados. Veían a la muerte enseñorearse y trataban de ahuyentarla dando referencias de su sombra olorosa a camposanto, a coronas de flores, a pestes emergentes desde las grietas en la tierra. Perfumada. Pero con aroma a sal de llanto.

La muerte, llegó cobrando impuestos y se marchó cargando las talegas llenas, no sin antes dejar afianzados a sus embajadores; la pestilencia, la pobreza, la locura, el desamparo, las plagas, las epidemias.

Los sobrevivientes, más fuertes de espíritu, saldaron con dolencias físicas las deudas que según el contrato de muerte, aún quedaban pendientes. Quedando reducidos a seres ictéricos y enfermos de hepatitis. Otros, extraviados de mente, encontraban refugio a su desamparo en la locura; tal había sido la sacudida, que les desencajó la mandíbula de los anhelos que muerde y come vivencias para convertirlas en conciencia.

Apenas dejaba atrás su fase oscura y empezaba a iluminarse... Para el 4 de febrero de 1976, la luna volvía a nacer. Mensaje claro afirmarían los místicos.

Aquel funesto y desafortunado terremoto, era la gran oportunidad para que el pueblo se uniera en un nuevo amanecer. La guerra interna de entonces, cobraba muchas muertes en cifras "de a diario", entre el frente izquierdista y la extrema derecha. Hubo, sin embargo, en ambos bandos, quienes acostumbrados a vivir de la anarquía, vieron aquel suceso lacerante, desgarrador, como una oportunidad para consolidarse en el poder. En lugares de fronteras retacadas, la percepción se distorsiona, todos se creen gigantes y juegan a serlo. Según sus experiencias, deliran con ser los tenientes del taco más largo. La política no es como la religión, ésta se ocupa de la sustentación del poder, mientras la religión del espíritu. El gran problema surge cuando religión se entrelaza con política, sin existir un balance real de poderes; mientras los fieles, entregan su fe. Tal es el ejemplo de los Jesuitas quienes en década de los setentas, se vieron implicados activamente con la subversión izquierdista de los pueblos. Hoy, cuarenta y tantos años después, los gobiernos de izquierda han demostrado ser los más tiránicos y totalitarios del pusilánime y timorato proceso de democracia en Latinoamérica. Política y religión, dos entronizados gigantes que muchas veces caminan de la mano y se olvidan de atender al pueblo, precisamente por no ser gigantes reales sino celosos centinelas.

Aunque parezca contradictorio, no estoy atribuyendo el terremoto del 76 a ninguna causa de orden espiritual; sin embargo, no puedo dejar de lado, el hecho de haberse urdido una estrategia de cómo sacar ventaja de la miseria para conseguir apoyo popular, ignorando la gran oportunidad de rescatar a una nación que ya venía en decadencia por los vaivenes políticos de la época.

Con el paso de las horas, poco después del mediodía, todos los animales empezaron a ponerse muy inquietos; parecía como si las almas del averno, hubiesen salido de su tormento y anduviesen paseándose por aquellas calles empedradas, empolvadas y sin asfalto, llevando consigo una artillería de arietes. Ya, cuando la noche estaba vigorosa, en lo que debería ser lo más profundo del sueño, mi cama empezó a brincar sin control y fui levantado por el caos, al que casi pude verle el rostro prepotente. De no haber sido por el desasosiego de los animales, quizás nos hubiésemos entregado por completo, a la credulidad de que la noche es garante del descanso y protege nuestro dormir. Mi madre me cogió por la mano, a trompicones junto con mis hermanas y abuela, conseguimos salir de casa. Medio vecindario se encontraba afuera y a mitad de la calle, envueltos por el pánico y los lamentos de aquellos a quienes las viviendas se les venían encima. Los animales continuaban ahuyentando a la muerte con su coro caótico entre *ayes* de pánico, dolor, quebrantos e impotencia. Con mi corta edad no tenía concepto de mucho pero sí, una tendencia infantil, a darle vida a las cosas.

En medio de vagos recuerdos, imaginaba como si las paredes no se hubieran despertado; mis amigas las paredes que eran una extensión de mi mundo perfecto, parecían estar roncando mientras caían sobre la humanidad de mis colegas del barrio. Yo, una réplica del terremoto, temblaba sin poder encontrar el habla.

Acostarse entre resguardos y levantarse entre escombros...

Trepidante resultó ser el paso. Los gigantes, quienes seguramente habitan dormidos debajo de la tierra, de pechos puntiagudos que se confunden con los volcanes y montañas que circundan el valle de Guatemala, los verdaderos guardianes, se estaban despertando. Cada estirón de sus kilométricos miembros dejaba suplicio sobre la superficie, aflicción y calvario; fatídica coreografía de los danzantes de la ruina, séquito réprobo de la muerte. Sal de llanto que en clepsidras iba midiendo el tiempo, marcando las 03:03:33 horas de la madrugada. Dicen que, cuando el tres se prolonga en el infinito, salen a desfilar todos los ermitaños. Momento en el que se despertaron también todas las ánimas, a aplaudir con ritmo de terremoto y a pegar de alaridos para despertar a los vivos.

Al salir de casa todo era pandemónium, gritos, lamentos. Tautología del caos. Paredes que se venían al suelo casi pisándonos los talones. Empezaban a verse los primeros escombros y la tierra a agrietarse. Los gigantes se estaban estirando y despertando. El maremágnum debía habernos unido para recibir un nuevo amanecer de prosperidad. En medio de aquello y de la tembladera que me era imposible controlar, vi sobre mi hombro izquierdo, girando la nuca como si mi cabeza estuviese imantada, y las vi pasar. Dos bolas de fuego de tamaño considerable. Una primero, la otra unos minutos después, surcando la nada como si hubiesen sido catapultadas. De los presentes fui el único en verlas, decían que del espanto estaba alucinando.

Viendo visiones, que no es lo mismo...

La mañana llegó, lenta, fría, desoladora. Empujada por los llantos, los lamentos y las pestes que se desatarían. Hubo al unísono un silencio generalizado y una modorra de pocos segundos donde todos cabeceamos; la muerte, se alejaba enseñoreada y exigiendo pleitesía. Al final es otra gigante. Dos tercios de la nación quedaron en completa ruina. Más de 25,000 inertes, cuerpos vacíos ya sin alma, sus ánimas revoloteaban sus apagados sueños. Adobes que una vez daban resguardo, ahora daban dolor. Cuerpos hinchados, exánimes. Soterrados.

Aquellos que perdieron algo se solidarizaban con los que lo habían perdido todo. Levantaban carpas improvisadas con palos, mantas, sábanas, lo que fuera. Un sentimiento de vulnerabilidad se apoderó de todos, hasta de los que por suerte habían perdido muy poco. Las perspectivas cambiaron. Los conceptos se tornaron diferentes: la pobreza, se acaudalaba dejando una economía destruida, incitando a saqueadores a despojar de nada a quienes sólo ostentaban dolor.

...Y así, las páginas de todos los diarios al rededor del mundo hablaron de aquella tragedia. Los locales, sin embargo, mencionaron el suceso de las bolas de fuego sin poder dar explicación alguna. Los gigantes, las habían escupido para decirle al pueblo que era hora de unir los dos frentes, guerrilla y ejército y construir una nueva nación.

Ilusos pobladores de tierras
de fastuosos gigantes dormidos
bola perdida de fuego somos
órbita de otra bola de fuego.
Ambas, hendieron aire sosiego
sobre el toldo eterno del buen cosmos
estrellas llorando a los caídos
vestigio de hilo de luna entierras.

Dos bolas de fuego...

Feb. 2013 - Agos. 2014

La cosecha de los símiles

El horizonte se ha prolongado.
Se ha pasado y ha perdurado,
a partir de los pies de esta yacija.

Mientras más distante,
más inaccesibles se tornarán sus caminos,
enmarañados.

En el frío de las fosas, indefensos...

-¿Quiénes fueron aquellos?
-Los que se arroparon con los sueños.
 Los refractados sobre un horizonte
 al que usaron de cobija,
 inflando ideales.

Se dejará ver, el hombre,
únicamente cuando hubiera licencia.

El hombre lejano,
paso a paso irá despojándose
hasta convertirse en fantasma,
de aquella materia que en su momento
le estorbará...

Algunos, al punto en el que reventarán sus vidas,
a la usanza de mártires musulmanes.
Otros, encaramados en un globo aerostático,
les acompañarán.

Con el mundo a sus pies, ya en hondo ascenso,
dejarán caer los espejos de pasados recientes,
convencidos de que la historia emerge del
almácigo de símiles...

Todos en fila.
Todos iguales.
Vista en alto.
Existirán, imaginarán...

Los cristales de agua, amontonados en lejanas
nubes,
no reflejarán sus efigies ausentes.

El impacto, dejará imágenes estrechas.
Ídolos acortados de lo ya predeterminado
minúsculo.
Creencias mucho más reducidas de sí mismos.
Diminutas personalidades fragmentadas.

Símiles, todos producto de la fábrica de los
símiles,
se multiplicaron a partir del caos...

Empezaron a cuestionarse acerca del conflicto que implicará llegar
arriba, avenirse entre las complicidades de la permanencia.

Derrotados por Leteo
más fácil les resultó olvidar de dónde es que habían salido.
Cavernas pobladas de ciegos y salamandras,
salieron, de sus trampas hechas en la vida.
De las sombras y amparo comunitario, salieron.
Saldrán, de un pueblo de símiles,
saldrán...
Justificando su indiferencia en la resignación de una batalla perdida.

Uno sobre otro formando escaleras en las que se fueron montando.
Encaramados en los globos, celebraron fiestas otoñales, sobre risas y aplausos.
Viaje intrigante, ha sido,
ácido y amargo, ha sido,
asido al destino semejante.
Ha sido...

...El horizonte ha sido, cada vez más separado y dividido,
desamparando los pies de aquello tendido.

De lejos no reconocido. De cerca, cuerpos tendidos...

¡No hubo derrota!
en tanto que los derechos permanecieron vigentes
pero entre símiles, la amnesia es mal común...
¿Habrá derrota?

Les asaltó, en el callejón de la inseguridad
el sentimiento de haber sido los servidores de los dioses.
Así, arriba, nadie podrá tocarlos.

Existieron, imaginaron...
Y se montaron en los globos,
esas cúpulas de amparo insufladas de aire caliente.
Huevo de telas y colores.

Vista en alto, seguimos
la cosecha de los símiles,
y le dimos a la boca forma de besito
como despidiendo a los encaramados
en su irán, su existirán y su imaginarán...

-Allá iban... Y el "iban" conjugará además la mirada.

Más parecerán nuestras bocas haber tenido forma
de cráter
acompañadas de dos órbitas sin fuego en las
miradas.
Un sembradío de volcanes extintos,
lunas primitivas, de donde nacieron, nuevas
formas de existencia.
Hombre nuevo, convertido a voluntad en una
plantación
de seres exhalando aire caliente por las bocas
desvirtuando aquellos cuerpos triunfantes en la
evolución.
Ahora derrotados, engañados, traicionados.
Arrepentidos en la revolución.
¿Quiénes fueron aquellos?
Llenaremos de gas del bueno, los cerebros
y decidiremos en democracia, una vez más,
convertirnos en los quemadores que elevarán
globos.

Dándole a las bocas forma de besito,
Enviamos, enviaremos, porque el verbo esconde
el presente,
al alma en una exhalación.

Así quedaremos y así viviremos.
En el aire, aferrados al espíritu, a todo aquello
que nunca más veremos.
Navegantes del vacío entre turbulentas quimeras

hendiendo la profundidad de la nada.
Trebejos inútiles de un juego inventado por el tiempo,
antes que apareciera la razón.

La vida entonces, será.
Flecha que hiere al tiempo.
El tiempo, la vena que se desangrará.

...Y fue pasando el globo, ante la vista de símiles
que tirábamos besitos.
…Y besitos, tiraremos.

De no haber encontrado el presente.
De no encontrar lo presente…

May.   2014

De aquí, al infinito

•

Epílogo

Ago. 2014

Ecuación final

Somos, nudo ciego. El universo, se muestra menos complejo en la conciliación con la teoría de nudos. Somos átomos, nudos formados por pequeñas vórtices. Enredados. Shumos trashumantes. Cápsulas de tiempo, columpiándose en el vacío verdadero de la cornucopia cósmica. Contradicción de la eternidad. Carente de todo concepto que a la vez se rellena de parciales materiales, como el tiempo. Fragmentos en trifulca. Hasta el mundo ideal pertenece a la interpretación de un ser. Al final, todo es mera ilusión abatida de ansiedad. Delirio. Verdades de temporada que flotan como troncos en un río caudaloso. La velocidad con la que viajamos la determina la hipotética materia oscura en el infinito. No existe la fricción, sólo la gravedad. La carga que se transporta a través del universo es información. Muy particular en su lógica exacta de fórmulas matemáticas y leyes de física. Confusa ante los ojos imparciales de la creación, a pesar de la intimidad estrecha entre lo existente y la vorágine del Big Bang.

Aunque no todas las estrellas tengan conciencia, cada ojo de la creación es una estrella. Aforismo que reconcilia, desde un plano espiritual, la razón del porque el mundo se pobló de ojos y explica que para acallar a los aparentes, la naturaleza los compensó con párpados. Estor que se levanta, día en media cara del mundo.

El lenguaje de los ojos, se expresa únicamente, abriéndolos o cerrándolos...

La cara oscura está en los dominios de la Oscurana. Del caos al orden. Un impulso aún presente, es desde entonces que andamos como almas errantes. Desorientados, fárragos, esparciendo semillas. No podemos negar que somos los hijos del principio. Honrarás padre y madre, al principio debemos volver. La historia, únicamente para darle sentido al sinsentido del reciclaje. El mundo, una entidad peregrina y elevada de seres invisibles. Los responsables nunca se ven y por consiguiente nunca son juzgados. Y a pesar de que el contenedor está repleto de agujeros, aún así arribamos a nuestro destino con el embalaje preciso, correspondiente, después de haber navegado por afluentes aventurados, comprometidos, sin destinos reales. La ansiedad del viaje, es un vacío misterioso que se registra en energía, como el vacío del universo. Radiación pura. Big Bang. Un latente hongo atómico. De no existir los hongos, la naturaleza misma se asfixiaría.

Así está escrito en sus memorias...

Quizá es un error haberle avisado que los genios no duran mucho. Que a pesar de que en su ingenio se eternizan, sus cápsulas se consumen a gran velocidad. Parecen velas con tres llamas que así como alumbran, así se extinguen. Todos cargamos con algo de culpa y siempre será mejor intentar hacer algo, a convertirnos en los espectadores inmovibles de un destino manipulado por los invisibles.

Imperturbable, sus conclusiones acerca del instante siguen siendo las mismas y con mucha más determinación.

-El Quantum se refiere a las partículas más pequeñas posibles que pueden existir independientemente. En el caso de la luz son los fotones. Para detenerlo, la ecuación está relacionada con una explosión de luz radioactiva a nivel atómico-. Los axiomas vuelan en mil pedazos.

Entonces se detiene, literalmente. Con lo cual, consigue lo que tanto ha venido escudriñado durante toda su vida, llevar a término la ecuación. Su ecuación

Por mi parte no alcanzo más que a dejar esta nota, el logro de las empresas de algunos recae en el desacierto de otros. No busco con esto lavarme las manos, simplemente pretendo dejar evidencia, apelando a mi último recurso.

Arraigado a la fe, siembro un grano de

mostaza en el infinito. Permitiéndole a mis palabras viajar sobre la ruta de su destino. Todos los destinos son gigantes, frágiles pero gigantes y por eso, deben ser libres por donde tengan que transitar. Qué en su recorrido, encuentren suficiente tierra fértil en donde la humanidad vuelva a renacer. Es como lanzar palabras al vacío, nadie físicamente, existirá para escucharlas. Sólo queda la fe, para no perder este redondeado alojamiento; habitáculo, de tan sólo un fragmento de la conciencia universal, tan importante y necesario que de no existir no hubiese sido creado. Apeadero de estaciones melancólicas, de vivos colores, de grandes injusticias, de inmensos sueños. Una aguja en un pajar. Nacido con la luz de una gran estrella ¿Porqué ha de apagarse? Es un hecho, la luz periclita al acortar la ventaja del tiempo. El tiempo es un gigante que continúa haciendo cuentas mientras estamos durmiendo. ¿Qué hay más allá de la frontera más remota de la luz? Nada, está la nada, tan sólo el momento que precede a la gran explosión. Acortar la ventaja del tiempo en un parpadeo, trescientos milisegundos y adiós. Fin del tercer acto. Conclusión de la tercera guerra. Sólo queda la fe…

Cumplidos los trece, cruza los linderos. Cómo lo consigue, nunca lo sabré y aún sabiéndolo, no hay posibilidad alguna de explicación. En mis conjeturas puedo sugerir puertas en las dimensiones del tiempo, algo así como fronteras invisibles que guardan las cápsulas con las que transitamos nuestras encomiendas.

La solución al problema es simple pero muy compleja la ecuación. Aliciente lo bastante poderoso para alimentar el ego de cualquiera: querer detener el tiempo. Sin embargo, el resultado obtenido es ambivalente, no podrá ser disfrutado ni por él ni por nadie. Al cruzar la frontera del tiempo se lleva con él todo lo creado desde el momento del big bang.

Detener ese segundo infinito, necesario para alcanzar toda la ventaja que nos lleva el tiempo, tiene implicaciones nefastas.

Todo quedará ahí, congelado. Para siempre. A partir de ese momento, la razón y la conciencia. Lo material se convertirá en recuerdo. Encontrar la nada buscando la eternidad. Nos llevará a todos. Nos hará parte de su experimento arrastrándonos con su ego. Romper la cadena significará arribar a la invariabilidad, quedar inertes, como en una fotografía, sin poder dar marcha atrás. No se puede detener el tiempo, sin importar cual sea la teoría o la ecuación. La implosión del tiempo es la antítesis de la gran explosión, un evento que precede al Big Bang.

Ahora, en plano espiritual, después de ejecutada la ecuación, me preparo para ser juzgado en este nudo existencial. Todo se repite, la historia sigue igual, no hay aprendizaje pero si una nueva guerra. Mano negra, la primera guerra. Vengo a darme cuenta que científico y yo somos la misma persona, el introspectivo y el que está dispuesto a todo. El nudo es la clave. Los parciales materiales, atentan con la extinción total de la especie...

Jul. 2012

Existir

...Vivía encerrado en el silencio
sin permitir que el ruido circundante le aturdiera.

Ruido primitivo, subrepticio.

El ruido sin sentido
 ni dirección es caos peligroso.

Así que, para contenerlo,
permanecía inmóvil en su crisálida taciturna
colgado de ramales inimaginables
sin tiempo ni peso ni forma.

Un gajo en el fruto de las eternidades.
Estaba... Sin pensar.

De alguna manera
el ruido insurrecto consiguió
romper la fortaleza.

Se levantó, y fue a caminar por la nada.

Seguido de su manto de estrellas
galaxias, mundos, soles.
Eco transformado y sempiterno.

Todo lo destruyó,
el gran arquitecto.
Su sentencia fue volver a construirlo,
todo.

Del caos al orden.

...Y llegó a los ojos del hombre,
caótico.
Sólo entonces, existió.

Toda existencia implica condena,
fue así como aprendí a volar
y a seguir los pasos del que anduvo en la nada.

El silencio, ya está roto.

Agos. 2014

Amor y Cinismo

Anhelos perdidos
encaminaron mi derrota.

Y de existir el pecado,
aún más allá del puerto
de la absoluta culpa,
de la barca cargada de tropiezos
que echa anclas
en las costas de mi psique,
la que además regula mi relación
con el sufrimiento y mis satisfacciones
¿He pecado al anular mi ser?

Buscarme entonces en el Orco.

Desistí de ser alguien al eliminar mi vida,
inmolando mi compromiso histórico,
he cometido suicidio
dejando de lado mi verdadero propósito.
¿No es acaso lo mismo?

Sin necesidad de una muerte física...

Coexisto entre los demonios de mi propio
infierno.

O, buscarme en el paraíso,
por haber creído siempre
que los perros,
son el mejor ejemplo a seguir
cuando se trata de amar...

¿Dónde está la contradicción que hay en la vida?

Ante tal planteamiento,
tendríamos que definir
lo que es culpa y lo que es pecado.

Si la culpa o el pecado equivalen
a apartarse del lado del ego
para entregarse frenéticamente,
con entera devoción,
fanático al altruismo,
entonces debería existir
un mundo lleno de pecadores
para conseguir sociedades más felices,
más enteras,
más maduras emocionalmente,
más justas y más honestas.
Y no la porquería
en la que se ha convertido
la especie humana,

y por la que los jóvenes mueren
presas de sus ideales
al querer cambiar
un simple modo de vida.

Las cosas nunca cambian
y luego culpan siempre al amor,
por ser risueño,
afable, atento,
complaciente, gracioso.

¡Grosero! ¡Antipático!
¡Rudo! ¡Desagradable!

¡Qué simpleza hay en el mundo!

Qué devastadoras imágenes
cruzan por mi mente
ahora que lo he perdido todo
y me he convertido
en un bicharraco amargado.
Una sabandija.
En el gusarapa que recuerda
las saturnales
más que a las navidades.

De practicar el Judaísmo
declararía un sábado permanente,
me entregaría por completo

a la inactividad
para que el olvido me reclame.

Total, la tradición sabática
cumple con la función
de enfrentar a Saturno
para salvar a la humanidad.

¿Dónde está Júpiter para que mate al tirano?

Por un acto de completo altruismo
capaz de arrancar la soledad
pude embestirme con la ilusión
de felicidad, únicamente para
descubrir que no se es feliz hasta que se ha
sufrido.

De todas las propuestas de felicidad
¿Cuál es la más acertada?

Todo por haberte declarado
la reina de mis días,
y con pleno y absoluto
conocimiento de mis decisiones,
consentí convertirme en tu esclavo.
Para entregarte lo mejor de mí.
Todo mi esfuerzo,
todo mi cariño,
todas mis ilusiones.

-Si no te tengo,
sólo detento un deseo
mas nada poseo-,
grita desde adentro
mi absurdo y tiránico ego
que no se resigna a dejar ir.
Perder o ganar,
únicamente si el amor
fuera considerado un juego.
Argumento irrisorio para algunos.

Ir, dejar ir…

Soltar. Desatar. Desasir.
Desenredar. Desligar. Separar.
Arrancar.

Ir, dejar ir…

Y a pesar de habérmelo prometido,
con el amor no pude.
Busqué abatirlo por cansancio
sólo conseguí enredarme
en las cuerdas
que me convirtieron
en su marioneta
y fámulo de sus caprichos.

Anteriormente, ya me había pasado.
Suena a pleonasmo conjugar
el verbo pasar
en pasado con pasado.
Recuerdos sin memoria por recordar,
tal pareciera que hoy
todo es un ridículo.

Me había pasado
qué, las enfermedades del amor,
no tienen cura.

Cura celebrante
los matrimonios,
al buscar la bendición
en el sagrado sacramento,
aún así, nada es garantía
en la ausencia de Dios.

Las enfermedades del amor
se traducen en locura.

Todos lloran. Todos sufren.
Todos cometen atropellos.
Todos lastiman. Todos mienten.
Todos ríen a carcajadas
como políticos venezolanos
matando de hambre al pueblo
para saquear a esa nación.

Simples ciudadanos colectivos
y los más iluminados políticos...

El amor, por ser un niño malcriado
se burla del hombre,
la especie humana es para éste,
no más que mentira y falsedad.
He ahí el porque de su ira,
la razón de su venganza,
egocéntrico que es el amor.
Acaba, destruye.

El gran arquitecto que todo lo destruye…

De ser así,
nuevamente repito
¿Qué sería mejor, un mundo de pecadores
que no anden pregonando amor,
culpándole de todos sus atropellos,
y se respete la idea de amar?
Esa idea pura que vive
en todos los corazones
y en todas las almas inocentes.
¿O sería mejor una hecatombe nuclear
como la que busca Fidel Castro
para acabar de esa manera
con el embargo?
Estamos frente al festín

de los ridículos.

Yo, no tengo solución,
estoy enfermo de amores.
Los amores me están matando
porque vi a miles de tendidos
qué por amor quisieron cambiar al mundo.

Sigo tropezando
con la misma piedra,
amando y declarando reinas de amor.

Debo ser el súbdito
que más reinas ha tenido.
Más, que todas las reinas
de todas las partidas jugadas de ajedrez
a lo largo de todos los tiempos,
en todas las comarcas,
en todas las casas,
en todos los momentos solitarios,
¡Todo de todo para todo!

Espero sepas entenderme
y darme esa segunda oportunidad
tan importante y relevante
cuando se trata de las cosas del amor.

Nunca fue mi intención
dejarte sin nada y en la calle,

así como lo hice con las otras.

Te quité todo.
Casa, coches, dinero…

¡Todo!
¡Porque todo, es todo y para todo!
¡En el nombre del amor!

Vaya enfermedad.

...He dicho.

Jun. 2013.

Memorias oscuras

Desaparecer, no es mi propósito.
La grandeza se proyecta en las sombras,
en las tinieblas que persiguen a la materia
y se van moviendo con los cambios del sol…

Llegado así el momento de coger el trillo
¡Qué mi grande sombra me suceda!
Y qué persista, mi imagen cagalitrosa,
abrigando el siglo que llegué a detentar
encapotado entre mis manos, de uñas largas.

Si en vida al mundo lo hice mío,
no veo porqué he de dejarlo atrás.
Me invade la nostalgia de un niño
al verse separado del juguete que más ama.

Los grandes emperadores siempre
cargan con sus parciales materiales
a la hora de partir.
Y, aunque en mis desvaríos seniles,
ya el mundo es demasiado grande
y pesado para cargarlo,
ágil para competir contra él
y eterno en relación al hombre,

la estrategia debe ser otra:
acabar con él o continuar presente.

No puedo ser la parodia del luchador caído
que termina por asilarse en su fracaso…
¡Los gigantes, no debemos caer!
Ni aún abatidos por el tiempo,
para convertirnos
en no más que melancólicas imágenes.

Odiadas, vituperadas, execradas.

Caricato de un final irreparable
precedido de tiranías,
conquistado finalmente por el tiempo,
por el proceso de una vida
carente de Dios.

Por frío o borrascoso que sea el invierno,
no por eso anuncia el final.
La vida, tal como la percibimos,
no declina en sus muchos ocasos,
son crepúsculos de nuevos amaneceres,
precisamente porque el mundo es
una entidad peregrina y elevada
llena de seres invisibles
en pugna con la raza humana
con su mayor gigante, Timutra.

¡Ni el mundo ni la vida me van a vencer!
No hay enemigo al que no se pueda subyugar...

Estoy tan desquiciado
y enfermamente obsesionado con lo eterno
que dediqué una vida entera a aprender
cómo manipular las mentes.
A engrandecerme con sus loas,
mientras parado en el estrado,
antecedido por micrófonos
y una tribuna de expectantes receptores,
resplandecía en los corazones
que luego devoraría como animal salvaje
valiéndome de estupendos discursos
de falsas libertades.

Es de tontos seguir los conceptos
y muy de ineptos, seguir a quienes
pareciera que los dominan y los poseen.
Todo es una utopía en donde
el hombre se engaña a sí mismo
al creer que puede calmar tempestades.

Es de tontos...

De tontos es, creer en la libertad,
quimera por la que mundos enteros
entregan sus vidas para alcanzar la nada.
Una nada que se fundamenta en un sueño.

La libertad, no existe. Es un delirio.

Porqué respetarla.
¿Únicamente por ser la gran fábula de vida?

Para eso están sus infinitas moralejas.

Los gigantes no debemos nunca caer,
quedar a la altura del pueblo,
nos hace vulnerables...

Limpiando el lente, el enfoque cambia
eximiéndonos de toda culpa,
al ganar adeptos, tontos seguidores de conceptos,
que por volumen vuelven verdad
cualquier gigantesca mentira.

Las mentiras no deben nunca caer,
quedar a la altura de la verdad
las hace vulnerables...

Para estar todos estos años
sentado en la silla del poder,
hay que ser expertos en el oficio,
prepararse para cada batalla
e ir con la absoluta convicción de la victoria.

Ahora que me alejo y dejo mi sombra

las luchas serán espirituales.

-Ayúdenme a ponerme en pie que hoy
como ayer, no soy nadie sin su apoyo…

Investigué acerca del alma
y pude concluir que el espíritu
es un torrente de emociones que lo condenan
y atan a las cadenas de Tifón Bafumeto,
en tanto que la llamada psique,
simplemente cumple con la función de existir.
Se arraiga a la trascendencia y a la permanencia.

Nunca fuimos creados para morir.
Nuestra esencia es vida eterna.

No entendemos ni entenderemos jamás
porqué estamos aquí en este paseo de rapaces,
larga avenida de dolor, pecados capitales
y campos de miseria,
ocupando un microcosmos de universo,
capaz de darle sentido a la creación
y destruirla al antojo.

El bondadoso, antagoniza con la realidad
inmaterial que los sentidos imperfectos,
en su letargo de ansiedades,
no alcanzan a comprender.

Reyes filántropos se transforman
en los arlequines de la corte,
redonda y peregrina, continental, dual...

He decidido arriesgarlo todo
y permanecer vuelto sombra,
la que ha de seguir marcando el camino
por el que seres con luz han de transitar.

Conquistar el plano espiritual,
me hará eterno en los corazones
de quienes creyeron en mi discurso,
sensato y congruente
a aquello que todos querían y esperaban
escuchar.

El temor fue mi aliado, lo implanté
con ayuda de la misma naturaleza,
los cinco sentidos perceptores
con los que el hombre
sobrevivió durante toda su historia,
los utilicé en su contra. Golpeando.
Creando imágenes para asustar.
Levantando voces represivas.
Olores fétidos de cadáveres opositores,
muertos vivientes a los que se puede comprar.
Quitando la comida para que el gusto
se limitara y no quisiera ser libre
y que el hambre apretara la voluntad.

Antes de partir,
dejaré una lista absoluta de fundamentos
a la cual deberán acudir
para continuar con mi labor,
ésta que me costó la vida entera,
completa la vida, me costó.

Disfruté viendo éxodos masivos.
Familias destruidas. Presos de conciencia.
Huelgas de hambre que terminaron en muerte.
Desolación. Angustia. Desesperación.
Me acredité todos los avances científicos,
las glorias deportivas.
A los artistas,
les hice pagar un precio alto por su labor.
Me hice grande en el Congo.
Mis tropas fueron enviadas a lugares
donde las condiciones eran propicias.
Siempre me amparé en la bondad de otros,
y en la incredulidad de que existan seres
con tanta ambición desmedida.

El mundo está lleno de incrédulos
que terminan creyendo.

El caimán continua dormido,
no hay que dejarlo despertar.
Bajo ningún motivo.

Ahora con mi ausencia habré ganado
la última de mis batallas.

Todo lo dejo preparado.
Del plano físico al mental,
del mental al espiritual.

Seguiré siendo exaltado porque como dije,
la historia me absolverá.
Esta es mi obra:
-En el caos encontré la catapulta
que me mantuvo en el poder...

***

En tanto el dictador continuaba escribiendo sus
memorias, su séquito de secuaces se habían
proclamado presidentes a base de trampa y
engaño, comprando máquinas de votación fuera
de inventario para alterar los sufragios, a lo largo
de un continente multicultural, fragmentado,
confundido, perdido entre selvas, prejuicios e
ignorancias. Estaban reunidos ahora que el
comandante había decidido coger el trillo. Todos
con un mutismo hipócrita, pensando

cómo se repartirían los barriles de petróleo, robados a Venezuela, que adornaban su cabecera y que imaginariamente, tal como si fueran ovejas que van brincando, contaba y contaba con juicio senil, para poder según él, dormir en paz.

Según él...

Feb. 2013

El viajero

...A telón cerrado.

Los murmullos viajaban como espectros, imágenes levantándose de sus asientos que llegando detrás de la frontera, reclamaban ser ánimas curiosas, indiferentes a los cuerpos que las emitían.

Mundo expectante, en espera a que se levante el párpado escénico.

Destino... El monólogo, una vez se diluye en las mentes ansiosas de diez millones de espectadores, deja de existir. Muere en su alumbramiento, como estrellas súper gigantes de vida corta. Cayendo abatido en la crítica y la lucha de su existencia.

Todo es posible en el Big Bang.

Llegar, a diez millones de mundos únicamente para morir, después de haberse revelado con absoluto y bien definido *hybris* ante un universo reciclado de boca en boca, cuando el hombre se convierte en Dios y creador de la historia. Todos Dioses. Todos omnipotentes, y el monólogo viaja solitario para dejar de *eghs sistiere*.

Perder el equilibrio estático frente al abismo desordenado y tenebroso que pulula antes de la creación. Los diez millones dejan de ser Dioses y se convierten en estrellas de orden predeterminado en consonancia a la perspectiva de un monólogo triunfante frente al caos. Y las estrellas del monólogo reciclado se convierten en Dioses nómadas que transitan por los campos del abismo insondable. Oscuro. Desordenado. Tenebroso.

Va el viajero en su camino imparable. Sube el telón, abre los ojos, despierta del sueño. Ya es hora de cruzar la frontera...

Abr.   2014

Xibalbá

Primera parte

e Xibalbá! Ir a ti es un lío o un reto. Y más…

Feb.   2012

Xibalbá

Segunda parte

Es Xibalbá, lugar, fe y vía fija. ¿O fue la fuga el
brío?

Feb.   2012

La historia de Cauac

Cauac, hacía temblar al cielo,
bien hecho al rincón
en su único e improvisado resguardo,
después de los relámpagos.

Escapaba en un estruendo...

Entraba al pabellón
deslizándose por el tobogán,
jubiloso de la oportunidad
de reinar en las tempestades.

Proscenio de mitos nunca escritos...

Contaba su historia con frío y humedad,
regalando aromas a maderas viejas,
a tierras mojadas
y a gritos de trueno...

Ago. 2013

La selva que camina

Todos. Todos metidos y revueltos.

La dilatación de aquello virgen. El frondoso prolongado. Lugar donde nace el llanto de las estrellas, pequeñas cúpulas transparentes que sobre las hojas emulan el color verde y sobre algunas hojas con gotitas de sangre, como si tuviera el pecho rojo igual a Kukulcán. Huella. Marca. Indicio. Vestigio. Pista, señal, rastro que aún fue de noche para dar pie al existir de un mañana. Sol naciente. Húmedo sobre las hojas verdes, amarillas. Vivas, secas. Relente bebedero de insectos mañaneros. Agua que guardan ellos, y una vez desbocados de noche e impulsados únicamente por su memoria genética, aferente de recuerdos del principio de los tiempos, presienten la necesidad de escupirla para formar estrellas, regadas en rocío sobre las hojas, amanecer de montaña...

Fue asomando el sol, metiéndose subrepticio entre la selva y ésta fue bostezando. Todos. Todos metidos y revueltos en el follaje.

Trinos de kukúl que suenan a eco de aplausos entre pirámides, gritos de tucanes, aullidos de micos, aleteos de aves migratorias que distinguen la selva de fruto en fruto y de árbol en árbol, loros, papagayos, oropéndolas, aves gusaneras, guardabarrancos, zumbido de enjambres, microcosmos parlante, chicharras, chejes. Chiquirín, chiquirín, chiquirín, chiquirín, llamando a las primeras lluvias de mayo. Chillan los pizotes, rugen los jaguares. No, esos no son jaguares, son monos aulladores. Ramas excitadas de fauna en tránsito van cediendo elasticidad y truenan al quebrarse. Esos otros, esos sí son jaguares. Charcas que calculan tiempos disparejos a cuenta gotas, gotas que dejan el verde guacalito de las hojas y emprenden el camino de la ruina, de la caída libre, se precipitan y caen, caen disparejas de tiempo, tiempos disparejos se cuentan, clan clan clan clan clan, sobre los charcos.

Sol. Charcos. Imágenes. Historias. Simbiosis. Todos. Todos metidos y revueltos.

Charcos, pacientes como exánimes espejos esperan al sol, a través de reflejos. Humildes, desde el suelo cuentan la historia. Reduciéndose, abreviándose, silenciándose. Mermándose en el calor, dejan su condición original y se convierten en charcos fantasmas. Charcos en pena saliendo de su purgatorio, mientras vahan las imágenes que salen en busca de poseer materia, de volver a la vida. Sedientas de licor. Hambrientas de natura. ¡Vida! Gritan vida que ya no tienen y excitadas por la oportunidad, dan el salto: de la nada a lo que está pasando. Vuelven a estar... Transformación oculta, no se ven pero ahí están, en la sangre del cielo que se cae y de su sangre que también se cae, siendo llamada agua al salir de las nubes. En el suelo, la sangre es un charco porque el pacto de la tierra es pacto de sangre. Sutil simbiosis que a todos, todos, metidos y revueltos, los transforma en selva tropical, llena de memorias encharcadas. Clan clan. Clan clan clan.

Ya, desde el horizonte, brillante, caliente, un tomate tierno empezaba a ser halado junto con el celofán del cielo. Astro rey, lanzaba sus dagas de luz, apuñalando a la penumbra insurrecta que se escondía entre las piedras, entre los árboles, entre las ramas, entre los hocicos de las bestias; penumbra, penumbra enflaquecida guarecida en la selva.

Clan clan clan clan clan clan clan clan clan clan clan... De todos los árboles, uno era el brujo...

En mundos paralelos a la selva y al progreso, inmersos en la historia y la cultura, un grupo autóctono de seres humanos florecía en medio de sus tradiciones. Agricultores, descendientes de los más iluminados astrónomos, matemáticos, sacerdotes, guerreros, continuaban luchando en contra de su exterminio aferrándose a la tierra y al cultivo. Por supervivencia, cada familia debía contar con una decena de hijos y formar clanes. Con suerte, llegarían a viejos, a no ser que el ejército o la guerrilla los reclutara para engrosar sus filas y frentes de combate, a la corta edad de los trece años y al puro tanteo. Dependía más bien de otros factores: -Éste, ya tiene tamaño. El ejército los montaba al camión. La guerrilla se los llevaba a pie y los internaba en la selva.

...De todos los árboles, uno era el brujo. Movía una de sus ramas como músculos entumecidos, de brazos, de piernas y de cerebro que empezaban a estirarse. Daba la impresión que aquella rama era mágica, producto de un lugar que había nacido mágico. Contagiado, el árbol vecino también empezaba a moverse, a crecer en un tartamudeo que sonaba a palo quebrado o a hueso roto, destra...tra...tra...tra...trabando las coyunturas de sus articulaciones. Luego, un arbusto y otro, seguido de otro árbol. Un pedazo de selva cobrando animación y movimiento, en realidad era mágico. Los ancestros nunca mencionaron que la selva camina, se ocuparon más de las estrellas. Magia, lo moderno también se forja

117

dejando estelas de asombro, era el camuflaje de un comando de soldados del batallón K'iche b'inem (Selva o bosque que camina), con sus ropas de combate, coloridas de matices verdes. Trajes con patrones de arbustos que con el armamento que cargaban, al incorporarse y mover los brazos parecían arbolitos de Navidad, entre granadas como bombitas, balas de fusil como lucecitas, y un atavío de estrella en el birrete. Ocultos en medio de aquella vegetación vibrante, salían de la protección de la noche para continuar su avance. Avance frustrado... Al despertar aquellos ramales y arbustos humanos, los soldados tenían trenzas en las pestañas como lianas o bejucos que se entretejen, impidiéndoles abrir los ojos. Salieron de la noche a tientas y sin poder despegar los párpados, se sentían perdidos. Desubicados.

-Mis montañas son mágicas porque están vivas, el amor es magia y la vida es amor. La magia y el amor habitan en un lugar del hombre, -decía una voz que se alejaba con una ráfaga de viento, mientras se escuchaba el eco de aves a ritmo de un corazón latiendo.

Tajú. Tajú. Tajú. Tajú. Tajú. Tajú. Se entrelazaban con el clan clan clan clan clan clan clan clan clan. Clan clan clan clan clan clan clan.

Qué sabían los niños soldados de ráfagas de Galil o de AK-47. Clan clan clan clan clan

clan clan. Asustados disparaban al azar. Clan clan clan clan clan clan clan.

La selva húmeda de noche, huele a vapor en las mañanas. La selva vaporosa de mañana, huele a tierra mojada por las tardes. La tierra mojada en la selva de tarde, huele pantanoso por las noches. Lo pantanoso de la selva de mañana, huele a todo para la nariz del hombre y al final, a nada. Lo desorienta. Es un respirar de la montaña mutante, neblina, vapores, tierra húmeda. La muerte de la presa, la transpiración del que caza. El zumbido de las moscas salvajes. El eterno masticar de las hormigas en la corteza de los árboles emitiendo bióxido de carbono. El aliento intangible de los sapos. El aliento dulce de venado que llega con aroma a frutas y pasto. La caca de los micos que usan para defenderse y lanzarla como granadas. El rugir de los jaguares. La fruta masticada por los pizotes que está podrida y a medio comer. El polen, sobre las flores o viajando. El zumbido de las abejas. Las flores silvestres. Los árboles eternos, guarda hombres, que rascan la barriga del cielo por donde resbalan a carcajadas las nubes en el amanecer de montaña...

La selva, había incorporado en su biodiversidad a un nuevo grupo de bestias. Clan clan clan clan clan clan clan clan clan clan clan

clan clan clan clan clan clan clan clan clan clan clan clan…

Ahora, la selva huele a pólvora quemada.

Mar. 2012

Trapisonda

Entre cadenas,
fecundaron la inmensidad del sinsentido;
Los arquetipos, solamente los arquetipos.

Fueron capaces de subsistir,
como céfiro que se filtra por un embudo.

Cavidad nasal, eterna.
Fue caminando el estornudo
hasta reventar en universo.
...
Brisa.
Ideas aparejadas,
cual pirámide de naipes.
Remanente de un vibrátil,
encontró en la impronta del infinito
su tubo de escape.

Bajo la supervisión
fue poblándose
en un caldo de cultivo.

¿Y, la pertenencia es propia?
O es el reflejo de las ideas,
de entidades elevadas.

¿Y, la impertinencia?
Es la trapisonda de lo eterno.

Cerebros.

Dic. 2012 -
Sept. 2014.

El viaje de la Ruina

Uno de tres estuches, el de cuerda, empezó a girar. Desde entonces, nada en su interior volvió a ser lo mismo, todos quedaron encerrados en constante movimiento, yendo de allá para acá y de aquí para allá, eternamente. Marchas cortas dieron, con pasos que siguieron y siguieron acortándose hasta ser solamente fragmentos, miles y millones y billones y trillones, hasta extenderse al infinito en bien definidos fragmentos; dándole por dentro, una vuelta completa al estuche de la cuerda.

En uno de esos pasos, como succionado por un vacío ávido por entender sus misterios, se montó un monje y se fue a recorrer los confines, dejando sus carnes adentro de un recinto levantado con el propósito de observar a los visitantes del cielo. Sólo su alma viajó saliendo de los tres estuches: sus carnes, el recinto astronómico y el tiempo. Se fue, con un sonido igual al que emite un dedo pulgar al liberarse de la voluntaria prisión de la boca de una botella. Se fue…

Por las noches recorría campos de

estrellas y durante el día perseguía al sol. Así se mantenía, yendo y viniendo de allá para acá y de aquí para allá. En un aventón, como lanzado con cerbatana, podía viajar en el futuro cientos y miles de años y al volver, los condensaba a todos en piedra. Sujetos al lenguaje oculto de los cinceles y el convenio del conocimiento, logró vencer a la muerte y resucitó muchas veces para continuar viajando.

No estaba muy convencido de emprender el viaje de la Ruina. Ante lo desconocido es el miedo el que piensa porque el mismo miedo en su esencia, le huye a la verdad que desconoce. Pero las estrellas le hablaban y de ignorarlas, éstas lo hubiesen vuelto loco.

Era como llegar a una vieja estación ferroviaria para encontrase a la cita del tren de las memorias, las que lo llevarían a vivir nuevamente toda su vida en un segundo, y la anterior y la anterior y la anterior y la anterior y la anterior y la anterior y la anterior... En vagones de recuerdos. Mirando a los cuatro puntos pensaba en el sonido que va quedando en la mente durante el trayecto, el trayecto, el trayecto, el trayecto, el trayecto, el trayecto, el trayecto, el trayecto, que el tren va dejando atrás del espectro de los sueños, como ver en la ventanilla los postes de luz pasar, y que van quedándose atrás, atrás, atrás, atrás, atrás, atrás, atrás, atrás, atrás...

De las estaciones, trece de ellas estaban a distancias lejanas y se llamaban cada una Baktún. En el camino, veinte semi-estaciones que cada una comprendía otro ciclo menor de trece partes, eran llamadas Katún.

No sería una buena estación el destino a donde llegaría pero necesaria. En el camino divisó ciudades que se volvían cada vez más viejas hasta hacerse antiguas y renovadas para hacerse viejas y más viejas hasta volverse casi primitivas. Allí, vio un juego de pelota sin percatarse que era su cabeza la que tendría que atravesar el anillo de piedra. La ruina es similar al sacrificio, pensaba. O quizá sea el inicio de la gloria.

Sintió la cabeza, rebotar entre caderas, rodillas, muslos, pechos, hombros, cabezas, de competidores que buscaban con el juego de pelota, el renacimiento del sol de la nueva era, la de los veinticinco mil años. Para él había sido menos de medio segundo, entre trenes y ciudades. Entre partes y otras partes de cuerpos ajenos.

Al detenerse, al final de los Baktunes, vio a una serpiente emplumada que en el suelo, era como ver al hombre que no consigue levantarse. El tren, emprendió entonces otra vez su marcha, iniciando así el ciclo de un nuevo Baktún. Ahí la serpiente alzó el vuelo, como ver al hombre después de su viaje por la ruina, alcanzar sus sueños.

Nov. 2012

Las Dos Puertas

Iluminados, abrieron una de dos puertas.

Feb. 2012

La Dama Rebosante

Como trompo, aprendió el baile. A girar con tal velocidad que sus movimientos pronto empezaron a provocar vorágines. Mejor se hubiese cohibido. Apacible, tal como al inicio de su aventura y nunca haber dado el salto. La caída. La cascada. El precipicio.

Más vital que el agua, en su mundo de solemnidades la mayoría de los rituales se celebraban con sangre; fertilizante espiritual, de donde nacían frutos verdes, maduros, podridos. El resto, únicamente mitigantes de la soledad. Una marea de ansiedades y desavenencias.

Baile de vueltas hasta ovillarse con hilos de sangre, suficientes para formar un mundo y echarlo a perder...

Como respuesta a tal barbarie se propuso enamorarlos a todos sin excepción, preparando un cepo con la más dulce miel como carnada, obtenida de sus abejas. Así, fue sumando amantes, quienes convertidos en inquilinos eternos de su trampa, no volvían a salir. Yacían, por debajo de sus jardines, muertos y enterrados.

Baile de vueltas buscando un centro de

gravedad, descubrió la necesidad de un equilibrio. Tanta sangre derramada, debía tener un fin que justificara su principio…

Con particular ingenio levantó la más peculiar fábrica de reciclaje, una que los transformaba a todos, después de muertos, en alimento. Alimento, puesto a disposición en un mercado que al anochecer quedaba cubierto por un techo de estrellas, donde vendía su mercancía.

El comercio bien llevado es la labor que más enaltece, arte funambulesca propia de los más hábiles volatineros. Es el comercio, una cuerda floja por donde se puede caer o salir triunfante, un delgado hilo que muchas veces hunde a los osados.

Con el alma puesta en la oscurana infinita, colgándose de estrella en estrella a manera de mono araña, recorría todos los días inmensurables distancias, gélidas en desesperación y tórridas en angustias, buscando con ello terciar sus aflicciones. Girando y girando sobre su propio eje. Dando vueltas sobre el temor de padecer personalidades múltiples. Así que, después de tanto pensar y pensar, encontró la manera de viajar por el cosmos para escapar de sus desazones.

Un viaje por la pacifica nada, mar radioactivo de oscuridades eternas, que se desmalla con los infinitos polos disfrazados de estrellas. Aún así, la nada. Gigante entre gigantes, irrepetible. Paseo impertérrito de visitantes nocturnos y dioses épicos. Un día, la nada se llenó de constelaciones y dejó de existir al convertirse en algo, pero únicamente fue pura percepción en el despertar de las bestias y el arranque de la conciencia. Derrotada, la conciencia, adquirió profundidad en las ausencias de lo establecido y siguió entendiéndola como nada por su inmensidad. Se impuso a la creación, y nada la detuvo.

Ya de vuelta en su concurrido mundo, era la reina cuando todas las abejas salían de las colmenas a celebrar su presencia posándose sobre ella, una sobre otra como tejiendo un traje que la hacía lucir como a un panal visto de adentro hacia afuera.

El zumbido era tal cuando aquellos himenópteros volaban de vuelta a sus abejares, que daba la impresión de estar escuchando mantralizaciones tibetanas acercándose desde la lejanía cada vez con más fuerza, eclipsando el día, y junto con los cantos de Melpómene el pánico reinaba. Entrañas crujientes como intestinos vacíos con hambre. Destrucción. Suelos que temblaban, algunas veces hasta formar grietas, los mechones de su exagerada y abundante cabellera. Cabellera habitada por cualquier clase de bichos y parásitos. Todos parásitos. Algunos más diestros pero parásitos. Sin excepción. Parásitos. Todos.

La concurrencia se unió por necesidad y fue formando aldeas con rellenos de intriga…

En su puesto del mercado, le lanzaban objetos. La insultaban. Se reían de ella de forma muy egoísta. Callada, seguía dando lo mejor de sí para mantenerlos felices. Para enamorarlos. Para reciclarlos. Así que, con ese propósito, los productos que durante el día no lograba vender, los regalaba al final de la jornada a quien quisiera tomarlos. Pronto, largas filas esperaban recibir un poco de ese acto de misericordia para llenar sus mesas con las más exquisitas exuberancias, muchas de las cuales terminaban en la basura.

Ella solamente pensaba en los parásitos. Al hacerlo, su corazón era invadido por una ráfaga interminable de aguijones de compasión que la estremecía. Creando una simbiosis imposible de romper.

…Buscando armonía con los incontables temores que con ella cohabitaban, se detenía a diario a observarse con escrutinio. Un día, buscando auto sanación, después de haber observado las abundantes filas de colmenas, se le ocurrió forrar el interior de su recinto con toda suerte de espejos de todos tamaños y formas para sentirse y volverse perenne en el reflejo, entre filas y filas y más y más filas que, como piezas de dominó, la proyectaban al infinito en inagotables apéndices, imágenes de sí misma que llevaban su mente al engaño visual o a la imposibilidad de ya no poder interpretar con lógica aquello que sus ojos miraban reflejado sobre la luna. Superpoblaba su entorno. Cerraba los ojos y, dejándose llevar por la experiencia, sentía transformarse en una especie de cefalópodo de mil tentáculos, donde en el lugar de las ventosas afloraban alegorías de su persona, brotando por miles como burbujas de agua hirviendo. Sus intenciones iban más allá de la vanidad, y es que al percibirse como recinto de todo tipo de actividad viviente, entraba en pánico de padecer personalidades múltiples.

Se relajaba entonces. Podía respirar tranquila. Aquella práctica con espejos cumplía una triple función: quedar oculta en sí misma, aprovechando el suelo fértil de imágenes donde podía enterrar sus temores, o compartirlos con otros cientos y miles y millones de ella.

Prestando atención al reflejo multiplicado de sí misma, buscaba que una, tan solo una de tantas símiles, cobrara independencia del resto de los alienígenas en el espejo, confirmando de tal manera que en efecto, de llegar a suceder, sí padecía de personalidades múltiples y aprovechando la ocasión, podría aniquilar aquella efigie rebelde. La insurrecta, causante de tanta sangre.

La tercera de las funciones, quizá la más exótica de todas, era convertir su recinto en un enlace directo con el universo, una especie de nave espacial en órbita que la proyectaba al infinito, en medio de infinitas imágenes, donde podía sentirse astral escapando de sus tormentos.

Su corazón al que conocían en los periódicos bajo el nombre de Nifeir, era grande y bondadoso, tolerante e imparcial, noble y paciente. Con instinto maternal. Dispuesto a aguantar los improperios, maltratos, y abusos a los que se veía expuesta. Sumiéndola en grandes depresiones, algunas veces hasta hacerla llorar diluvialmente.

Los otros puestos del mercado empezaban a quebrar con su estrategia de comercio, llenándoles de envidia uniéndolos a todos en su contra. Buscaban grupos vandálicos, los que llegaban con toda prepotencia a causarle estragos, a romperle cosas, a lanzarle basura, a escupirla. Ella con la misma bondad los observaba y les volvía a sonreír, de tal manera que los vándalos pronto esperaban en la fila del final del día, para recibir ellos también comida. Aún así, muy pocos de los que recibían cosas se ocupaban de ella. La mayoría, únicamente era pensar en ellos mismos.

Algunos pocos, pero audaces

comerciantes, decidieron formar grupos numerosos, los que se anticipaban a la fila para recoger los productos que se regalaban y luego los almacenaban para revenderlos cuando las cosas empezaban a escasear. En su bondad, la dama ignoraba el hecho ya que nada podía hacer por los rezagados. Tal era la astucia de quienes convivían con ella, que no tardaron en sacarle partido a su bondad.

Nadie podía vencerle. Era la reina por derecho, su fábrica de reciclaje le daba tal poder. Eventualmente todos pasarían a formar las filas del final del día.

La dama rebosante, redonda y llena de vida todo lo exagera. Fría e inclemente en la cabeza y los pies, posee dos polos que mantienen el equilibrio que tanto buscó. Ardiente en los desiertos y el centro de su existencia. Se hizo vieja bailando y girando, tanto que transmutó su pasividad en una casa llena de vida, paraíso e infierno a la vez.

La vida, tuvo su tesón y principio, cuando las primeras células descubrieron que les era más fácil ganar energía al comerse unas con otras en lugar de esperar pacientes los rayos de sol. Desde entonces, cada forma viviente empezó a comerse entre sí y a competir por el liderazgo. Para frenar esa masacre nació la conciencia con el advenimiento de Labriegastro, con la esperanza de que el hombre descubriera que tiene un espíritu, y que la existencia no es competencia sino hermandad. Las raíces del ego están entonces en los orígenes mismos de la vida y para contenerlo, el hombre fue provisto de razón en la labor final de la Dama rebosante, un soplo lleno de grandeza. Lleno de Dios, el origen de lo absoluto.

Ago. 2012

Entre...

De la mar, salió la tierra.
...O fue ésta la que un día lloró diluvios.
De la mar, salió la vida.
...O fue la vida el deshecho de tanto sufrimiento.
Así, aprendimos a caminar en tierra pero nunca a
compartir el espacio,
¡Aún!
cuando el espacio seguirá siendo el más
insondable de nuestros misterios
¡Y andar!
la prueba irrefutable de la urgencia de intimar con
el más allá.
Bullimos en el camino de las interrogantes,
porque hasta el signo tiene forma fetal

...Entre.

May. 2014

Leyenda de la Oscurana

Los mundos orbitan, con mejor y mayor obediencia al rededor su astro, mientras permanecen dormidos...

Entre la tarde y la noche, el ombligo de cal. Suspiros moribundos de horas vaporosamente iluminadas. Despojo de quehaceres aletargados, van derramándose en rotas vasijas de acuarelas. Engalanando el deseo. Pintando el lienzo azul con tonos rojos, naranjas, lilas. Hasta teñir celajes, huipiles que envuelven a la oscurana.

Seductora, va desenrollando cien mil vueltas de tela que hacen un sólo ropaje atávico. Ancestral. Quedando expuesta. Mostrando su joya más preciada, su ombligo pintado de cal que parece luna.

...La Oscurana, se convirtió en la bruja que se lleva a los niños despiertos. Y así lo cuentan las abuelas después de las siete de la noche, hora en punto...

La celebración de las ciencias exactas,

dibujadas en el cielo rojizo, se consumía entre la celebración de las ciencias ocultas, tornándose anaranjado, lila.

Con el paso de la tarde, a las primeras luces que salpicaban el cielo, el panadero de los tiempos usaba las estrellas como harina para rociar la noche. De ahí, se creía que una noche estrellada, era una hojaldra inmensa un poco quemada. Así terminaron la fiesta de las ciencias, mojando el pan de la noche en unas cuantas tazas de café. Protegiéndose del frío con el calor que emitían los alientos y los humores. El vapor de cuerpos trabajados, salados en un lengüetazo.

De noche, cuando todos los habitantes de la plaza salían de sus labores y enfilaban rumbo a casa, las calles se llenaban de bulla, de gente. Un bullicio momentaneo que terminaba pronto. Afuera, casi a nivel del suelo, alumbraban dos lucecitas, a las que la noche en un abrir y cerrar de ojos les dibujaba la cara de un gato, saliendo asustado de alguna esquina.

Las voces. Los gritos ruleteros. Los motores del transporte. Barullo, era todo barullo. Algunas motos. Los vendedores ambulantes.

Esa voz de la Oscurana, callaba paulatinamente como bajándole volumen al televisor. Hasta que iba llegando el silencio, arrebatando almas con argucia de milenios, para meterlas todas en ese costal que abarca por

138

completo al mundo dormido (los mundos orbitan con mejor y mayor obediencia alrededor de su astro mientras permanecen dormidos), al camino de los durmientes. Un tren que lleva costales al vertedero de los sueños, cinismo de rapaces.

Metiéndose por las ventanas, los pasos de algún solitario andante hacían eco en toda la cuadra, atravesando paredes de morada en morada. De verde en verde. De rosada en rosada. Coloridas paredes de adobe pintado. Apresurados pasos, seguidos por el sigilo. Precedidos por la sorpresa de toparse con algún delincuente oculto, tras una puerta de casa sin perro.

Era mejor caminar a media calle y correr si fuera necesario.

Aquel último tránsito angustiado y desamparado, anunciaba la sentencia sepulcral, al punto que únicamente los sueños, podían hacer galantería del único ruido sordo que existe, por pertenecer al mundo del vertedero.

Esa falta de presteza, de albórbola, de esacándalo, se hacía presente en la soledad con la que se iban llenando las ánforas de la noche.

...Noches llenas de soledad en mundos solitarios de vidas solitarias, serán siempre presagio de desgracias aisladas y solas, que en los díarios matutinos seguirán encontrando apiñamiento entre otras desgracias aisladas y solas...

Las calles se llenaban de insonoridad, de soledades buscando soledades. A lo lejos, saliendo de un portal, una luz prendida anunciando un intercambio de favores amorosos. De asustados que asustan y temerosos que meten miedo. De un plateado reflejo distorcionando formas adentro del alumbrón del ombligo de cal. Tal era el silencio que alcanzaba a escucharse la carrera de una rata saliendo de la alcantarilla, seguida por las dos lucecitas con cara de gato, perdiéndose ambos en los sub-mundos del desperdicio.

El mutismo remontábase a los inicios del universo mismo. A la grupa de la nada. Al evento caótico más celebrado a lo largo de los caminos de la luz. Se antepuso a la creación, empujándola. Una lucha de sumo entre la nada y la creación. Humanos saliendo a borbollones de taparrabos sudados. Un ruido sordo latente por despertar, el nacimiento del cósmos.

...Penetrar en este mundo produce incertidumbre, no hay indicios de actividad aunque la vida esté oculta; evoca precaución, desconfianza. A este punto, hasta los grillos callan...

Tan galán, tan galán.
Tan galán, tan galán.
Ati-tlán, Ati-tlán.

Ati-tlán, Ati-tlán.
Plan. Plan. Plan. Plan. Plan. Plan.

Tan galán, plan plan, Ati-tlán. Tan galán, plan plan, Ati-tlán. Tan galán, tan galán...

Heptasílabo medieval y su ritmo de siete en siete, número divino, la religión se adueñó de la luz.

La mañana rompía el silencio con el replicar de campanas que habían aprendido a cantar los coros que el sacristán, tan-galán tan-galán, dirigía como director de orquesta, lenvantando los pies en lugar de las manos al colgarse de un grueso cordón. Ati-tlán, Ati-tlán. El llamado a la Divina providencia, a la iglesia, donde el ruido del atrio siempre llegaba con eco de palomas, con olor a mirra quemada y flores de santos, a veladoras, a madera antigua, a secretitos en el confesonario. Plan. Plan. Plan. Plan. Se celebraba el amanecer con los cánticos del sacerdote. Al romper el silencio, comenzaba nuevamente el caos, los temores, los apuros, el humo del transporte urbano. El olor a pan recién salido del horno. A leche de cabra. A leche hervida, a café con leche, a dulce de leche. A leche de senos para algún infante y para muchos, a mala leche.

Llegaba la luz apresurada aún en caites, comiéndose el mundo. Luz hambrienta no tardaba un minuto más de lo debido, pero eran las personas quienes no querían despertar.

Aún de día, le temían a la Oscurana...

Nov. 2012

Cantos de sirena

De la arcilla nacería la forma.
Recipiente que capturaría al alma.

...Fue en el crisol de la belleza donde entregamos la libertad,
como carniceros en crisis, cortándole las alas al Pegaso.
Imitando a las abejas, emprendimos la búsqueda eterna de la simetría
recorriendo las hipotéticas avenidas del paseo del girasol
como seres vehementes
calcinados en brazas de miel ardiente
...anhelo
de corazones insaciables que expelen vaho con brío de bisontes.

El lugar de la sangre nunca estuvo en las autopistas de las venas
...y, si la condenada hablara, sangre que al inmortalizar palabras

eximiría de toda culpa a la tierra por ser devorada
por los gusanos.

Fugándose de la prisión de la arcilla,
es la sangre que va en busca de descanso.

Sangre condenada, firmó el pacto de eslabón
perdido, en el momento de la gran explosión
entre espíritu y materia. Dimensión desconocida.
Vaga como asteroide errante en forma de
marejadas bermejas,
temblorosa e insaciable en su única necesidad,
los orígenes perdidos de paraísos que se
volvieron irreales al ser inventados
absurdos y utópicos, convenientes y embusteros,
afables y sanguinarios,
porque no es el hombre quien mata al hombre, es
él mismo que encamina su destino
arrojando culpas al vacío a ver quien las captura
y carga con la desgracia de una muerte
tempranera, madrugona
pintoresca, de colores bermejos en amaneceres
de hombres nuevos.

La tierra seduce a la sangre, vistiéndose de
aposento fértil,
pintando de verde su pubis donde retoza la
serpiente,

abriendo un párpado de sombra, regala media cara de un mundo al descubierto,
dejando media cara en tinieblas,
mantón de damisela medio desnuda
insinuante y sugestiva, dispuesta al enfrentamiento,
al derramamiento, al arrebato de los desiertos sedientos de lluvias,
como chupando granizadas en empaques de cucuruchos de cabeza
en plena Semana Santa.

En el éxtasis de la sangre todo debe andar d'al revés.

Abre entonces sus deleites dejando huir cantos de sirenas
como violines mal tocados o trompetas desafinadas, cuerdas y vientos
tan disonantes que en otras esferas llegan con realidad de lamentos
agrietando la compostura de la forma que nació de la arcilla,
provocando temor y silencio, caos para el hombre y seducción para la sangre,
de memorias oscuras.

La sangre se vuelve libre porque nadie entiende su pacto.

Monstruosa, la sangre observa con sus mil ojos
ansiosos e invisibles
todos ingenuos y multiplicados por mil,
ya quisiera uno con el alma de Salomón,
por diez mil
por cien mil
de donde nacen bocas y lenguas,
garras
dientes
colmillos
que muerden el fruto dulce del elixir de la
libertad
cuando se derrama plácida en sus entrañas
polvorientas,
preñándola...

Semillas germinadas en la irracionalidad,
sueños en vida
vidas desperdiciadas en sueños
con tesituras barítonas
de clara diferencia en sutilidades oscuras,
entarimadas en la farsa
que al ir retoñando despuntan en quimeras
regadas con lagrimones de ángeles,
suspiros helados escapándosele a cielos grises de
nubes con boca de embudo
y aliento húmedo con olor a verdolaga.

Mientras, los primitivos danzan enajenados invocando a las lluvias
y el dictador les observa, entregándoles tormentas bajo el nombre de comunismo.

En la ignorancia de la distancia todo luce muy atractivo.

Es el pasmo de la creación,
las lluvias llegan, pero son sangre
casi como plaga bíblica en medio de danzantes timoratos
inmersos en rituales disentidos que los condenan a la inercia
de la falsedad de los espejos y sus melancólicas figuras vulnerables
que eructan hasta el infinito, la misma escena de una explosión en cadena
de miles de estampas, mimetizando el comportamiento colectivo
y el hundimiento en la espiral del miedo,
presas de alguna anaconda.

Encuentran final sofocante en la mano constrictora de las tiranías,
mano de cinco serpientes desdentadas,
ensangrentada en lo alto de donde vienen las lluvias
...pero son sangre.

Silenciando los espectros de tripas hambrientas
en rostros famélicos
de pómulos prominentes y ojos saltones, bocas
secas y lenguas sin saliva,
se cuelan entre callejones retorcidos como
serpientes
hediondos a meados
licor
tabaco
marihuana
basura
los cantos de sirenas que atraviesan paredes
mitológicas de mundos casi inexistentes,
reales únicamente al ser vistos a través del prisma
de su realidad intocable.

Mezclándose con aullidos de perros,
forman el opus del caos,
que para el herido que viaja en la ambulancia
parecen cantos de ángeles,
o porque se acerca trémulo a las puertas del
infierno
o porque son los cantos de su salvación,
del regreso a la vida que tanto amó en sus
silencios
y que hoy, se le escapa a través de la regadera de
sangre
que han hecho de su cuerpo.

Es más apacible una vida entera de silencio
sin violines ni trompetas,
permitiéndole a la sangre que encuentre su
camino en paz
porque el ruido sólo nos lleva a vivir toda la vida
en segundos,
para terminar, viajando silenciados y viajando
por la eternidad...

Eso quieren los tiranos
a cambio les daremos: cantos de sirena...

Nov. 2013

Esperar con el pecho

...Caen bombas
Las ciudades valientes las esperan con el pecho
Caen, desgarrando todos los vientos
Galernas que se lamentan con infernal dolor
Prolongado en el hálito de un pitido
El que viste de negro tiene la autoridad celebrante
Lleva consigo el poder de la vida y la muerte
Recorre el mundo verde, de arriba a abajo
Mientras dos realidades distintas, contienden
No hay más tiempo para la humanidad
El estadio está lleno de hinchas que se matan
Unos a casa
Otros, permanecerán en la batalla
Las bombas seguirán cayendo
El pitido del hombre de negro anunciará el gol...

May. 2014

La feria de los payasos

...Cae una gota evidenciando gravedad.
Si fuese una lágrima, el rostro serían las vivencias...

Boleto en mano mientras los dedos articulaban mentiras,
estaba de más fijar la mirada en el juego de las falanges,
la magia, se había convertido en una de tantas burlas que tiene la vida.
Podemos quedarnos. Ya hemos pagado la entrada
a este mundo de los herederos del ilusionismo,
los desilusionistas,
con sus muchas luces confundían nuestra percepción.

Millones para millones. Mundo millonario.
Estrellas. Arenas. Hormigas. Insectos...

La amenaza, se disfrazaba de distancia para permanecer oculta,
mientras los dedos articulaban mentiras, a lo largo de cordones.
Planta carnívora resultaba la vida,

llena de luminiscencias creciendo en la curiosidad.

Millones para millones. Mundo millonario. Resplandores para fiestear.

En el umbral, creímos que habíamos llegado y nos sentimos realizados.
Queriendo saber lo que es el amor, destilamos en un llanto,
un soplo de inmenso dolor e inmensa ternura.
Mustios anacoretas, incautos, inexpertos,
fijando la mirada en los dedos que articulan mentiras
a lo largo de cordones que sujetan nuestras vidas.
...Sin poder discernir.
Estrellas. Arenas. Hormigas. Insectos.
Todos, rodando en la centrífuga.
La falta de experiencia adentraba al espíritu
en sus tantos extravíos.

Raíces de todo lo que entonces había por dentro,
a pesar de tirar de ellos con fuerza,
parados frente a un espejo,
reflejando la locura, desfigurando el rostro,
nada salía por los cabellos.
Mejor resultaba la fórmula de ir hacia adentro,
entrando por los ojos en el túnel de luz perdida,
adornado de corazones palpitantes a distintos ritmos,

de aduladores ecos que confundían el paso por la soledad.
Espíritus extraviados, éramos arrastrados
por a una sílfide que llevaba tambores,
embudando nuestras existencias,
develando un gallardo huracán del horizonte.

De vela portentosa, huracán que navegaba llevando sílfides por timonel.
Debela con lengüetazos de fuego al valentón.
Debe la fuerza al miedo de los insectos.
Millones para millones, intentaban salvar el pellejo.
Mundo millonario, frágil en esencia.

A reír y llorar, estábamos ya, en la feria de los payasos.

Cae una gota más...

Sept. 2013

La noche más oscura

-Se la arrebató…

-Haberla creído suya siempre. Haberla mimado siempre. Haberla lucido siempre, tan llena de felicidad, tan llena de humildad. A la oscurana, se la arrebató. No hay posesiones en el infinito. Después de haberla despojado de su joya, moradora de los hilos invisibles que usa el día para recogerse, todo volvió a los inicios, vacío que sucumbe al llenarse de tinieblas. Tinieblas que, disfrazándose, van tomando forma de belleza. Bellezas que engañan. Falsedades que maduran e inician el proceso de volverse reales. Realidades impensadas. Pensamientos de arrebato, de hurto, de sobrevivencia. Así fue como la Oscurana perdió a la luna, brillante gema sin costo.

-La serpiente lechosa, la emplumada, fue la que se la arrancó.

-En el atraco, como vidrios rotos sin esperanza, caían a montones las estrellas. Al llegar al suelo, éste no se iluminaba con la figurada alfombra de luces. En su declive, se deshacían. Parecían haber sido forjadas con arenas vitrificadas. En un instante aquella noche, dueña absoluta de la oquedad noctívaga, desvirtuó su esencia dilatando los infinitos agujeros imperceptibles que la conformaban, hasta convertirse en una regadera de polvo luminoso, refulgente. Sin duda, el evento más conmovedor de la historia del universo. Segundos eternizados en su belleza, impresionante. No hubo eclipse que se le comparara en delicadeza o perfección, en sublime esplendor o magnificencia. Sueño de niño hecho realidad. Ningún otro evento haría más feliz al hombre en los inicios de su vida que ver realizada su mayor fantasía. Tocar los luceros y deshacerlos al contacto con la mano, casi como queriendo comérselos. Y en ese éxtasis, fue haciéndose profunda la oscuridad, fría y desalmada, opresora. Apetente de cualquier espacio, avanzaba con modos omnímodos. Nada hambrienta, voraz, fue apagando la noche, luz por luz…

-Nunca nadie pensó, en el eclipse de las estrellas. Nunca nadie se guardó.

-Cielo nocturno desconsolado, lloraba como nunca antes. El satélite, en el hocico de la serpiente, se había convertido ya en contra de su voluntad, en la piedra que fue lanzada para

155

romper los ventanales de la catedral de las cúpulas trasnochadas e inmaculadas imágenes. Mártir fue el momento como sacrificio de santo. Entregó toda la creación, el camino completo recorrido por el Big Bang, el que ya se le había sido ofrecido para gobernar al mundo. No fue necesaria su canonización. Sus sandalias, visitaban las tinieblas…

-También recogió, la serpiente, todas las escamas que durante milenios formaron constelaciones y titanes rutilantes, guardianes fieles del universo y vigilantes de la Tierra, celadores de todo conocimiento.

-Sin una sola estrella ni la luna, la noche se tornó profundamente oscura e inmensamente gélida, convirtiéndose en un recinto de almas congeladas como estatuas de hielo. Cada partícula de luz y calor, dejaron de existir...

-Se abrazaron bestias y hombres para darse un poco de calor. Aquella insondable noche oscura, provocó que cualquier tentativa de visión nocturna se tornara inútil en el impalpable ámbito que devora todo a su paso y lo esconde, sin digerirlo ni masticarlo, guardándolo en las tinieblas incomprensibles del absurdo de la nada, un manto absoluto de oscuridad abisal. Barrera invisible, imposible de imaginar.

-Con los pies en tierra pero con la sensación de estar flotando, de nada me sirvió levantar la vista en medio de la nada. Cubierto. Escondido. A salvo de las saetas del frío que pasaban sin avistarme, congelándome los huesos al volverse cómplices de mi mi-mi-mi-miedo tartamudo. Frío eterno, temor insufrible.

-Fue de más, mirar a los costados. Sentí en el momento de la nada, haber perdido los brazos con el primer tajo certero que lanzó la oscuridad... Me dividió. Me desmembró. Me dejó la sangre cortada y a la incertidumbre sacudiendo las campanas internas de mi alarma, paniqueándome, mientras mis oídos sonaban a diez mil campanitas replicando todas a la vez.

-De nada. De nada me sirvió... Ver al piso.

-A no ser porque los otros sentidos empezaban a agudizarse, es probable que hasta mis manos tocándome la frente y la cara, hubiese confundido con las manos de otro, de algún espíritu, de algún muerto desorientado.

-Conocí el significado real de la soledad. No del concepto clínico de la abrumante depresión, sino de la soledad absoluta, entendible únicamente en la ausencia de Dios. Ansioso, desesperado como nadie, me abría paso entre las tinieblas, navegando entre la tristeza de haberlo perdido todo, hasta la luz. Todo, no solamente lo conseguido a través del esfuerzo diario y que sirve para subsistir. Perderlo todo abarcando la totalidad del concepto pues estaba en medio de la nada (lo repito para no sentirme tan solo, llenando el vacío interno con un poco de nada). Nada absoluta.

-Infinitamente pequeño, solamente pude asirme al ingenio que para entonces ya había sucumbido y quedado humillado ante la oscuridad absoluta, la negatividad y el vacío. Sólo, entonces, cuando la luna fue llevada al escondrijo de la serpiente, sentí la presencia que tantas veces me cuestioné.

-Después de ser arrastrado como uno más de los abalorios que la serpiente se llevó, pude encontrar la presencia de Dios...

-En el viaje a través de ese túnel inmensamente eterno en términos de vida mortal, un punto negro que va devorando galaxias, inmensamente ínfimo a la par del infinito que lo hace y lo cría, dejó de existir todo aquello que sustentaba la creencia que yo tenía acerca de mí. Conocí la realidad de lo que debía ser mientras viajaba. Por la boca, después del dolor impensable, emergió mi otro yo en tanto mudaba la piel. La serpiente, siempre había sido yo. La luna mi ego y las estrellas, todas aquellas imágenes creadas acerca de mí mismo.

-Empecé a escuchar gritos. Caos. Ruidos de cacerolas. Mucha barahúnda. Improperios.

Algún tambor lejano. Alguna trompeta desafinada. Más gritos.

-Empecé a sentir serpientes disfrazadas de callejones que salían de mis poros, proyectándome desde el centro de mi galaxia, de mi sistema solar, de mi mundo, de mi barrio...

-Al abrir los ojos, parado frente al mirador, aquellas imaginarias estrellas que conformaban mi vía láctea, mi serpiente emplumada, eran nuevamente las luces lejanas que por un momento habían desaparecido.

-La gente, protestaba. Como siempre...

Sept. 2013

Esperma de huracanes

¡Es la cola, madre, la del huracán!
Se desprende desde arriba.
…Y cuelga.
Cuelga como arete
coqueteando ley de embudo
que trae tempestades.
Ciegos. Dormidos.
Todos la comparan
con el dedo huesudo
de una mano negra
presionando el botón
…del mudo.

Cuelga, al que se oponga.

¡Es la cola, madre, la del huracán!
El cálamo de los tiempos
qué escribe la historia
que nadie entiende
que se va muriendo
que es presa de su propio caos.
-Qué ya va saliendo…
qué no madre
qué no va saliendo
qué hasta dicen que va huyendo
que a trompicones
que pues no encuentra la salida
qué es cola que cuelga y que tropieza.
Que…

-¿Que's qué?

¡Es la cola, madre, la del huracán!
De esa que se fue formando
de entre los escombros
de cada uno de sus tropiezos,
de los que animaba escorias con ropas
de hombres
de tiempos disparejos,
de relojes rotos,
de días de urgencia,
de los 43 muertos en las protestas,
de colas, madre,
de colas para comprar comida,
de estos tiempos que ya no se aguantan,
de épocas de injerencia,
de bocas silentes,
de noticias,
de alarma,
de trampa,
de lo que sale a luz en las re-
des sociales,
del féisbu,
del túiter,
de la
denuncia y el silencio cómplice…

-Cola que cuelga y tropieza…
¿Entre repugnantes ánimas de hombres escoria?

Así mismo es…

¡Es la cola, madre, la del huracán!

Fue el miedo.
Fue él qué no les dejó ver.
Fue la ilusión y ahora ellos son la cola.
Fue, si madre, fue él y la ilusión.
Fue cola y
fue cabeza.
Fue, eso fue.
Fue de los hombres boquiabiertos.
Fue, culpa fue, de los que idolatraron.
Fue su aparente magnificencia.
Fue, culpa fue, de los alborotados.
Fue, de esos fue, por la ambición del dinero.
Fue, por causa fue, de los hombres nuevos.
Fuente de agua sucia de los malogrados, eso fue.
Fue, por ellos fue...

...Y ahora, todos huyeron.

-Se les encuentra en el extranjero.
Hablando están de Dios,
se volvieron muy cristianos
pero poco les importó
el caos que atrás dejaron.
Entre el equipaje
los colores se llevaron.
Los verdes, se llevaron.
Los amarillos,
los azules,
los rojos, todos.
Los papeles de colores, se llevaron.
Los papeles que aparecerán en Panamá.
Los van a ver. Sí, en Panamá.
Los papeles de Panamá.

Los que compran.
Los que mienten.
Los que corrompen.
Sólo a esos dejaron…

-Cola que cuelga y tropieza entre repugnantes
ánimas de hombres nuevos, escoria que ahora
son cabeza y cola…

¡Es la cola, madre, la del huracán!
Y, si la creación de Dios,
sembró en el hombre
albedríos frágiles y confusos,
es de tontos suponer que un hombre
pueda hacer mejores hombres.

-¿Hombres nuevos?
¿Cola que cuelga vuelta esperma de huracanes?

Así mismo es…
¡Es la cola, madre, la del huracán!

Ene. 2015

La última tempestad

Se levantaron. Caminaron marcha atrás en un ritual inquebrantable los caballeros de la corona. Siendo llamados a unirse, dieron continuidad a la ceremonia y de un brinco de espaldas, se fundieron en un escudo igual de frágil como indestructible. Dispersos no valían más que partículas. Apenas pizcas, menudencias de la fuerza más trascendental de la suma de toda la historia. La corona los escondía al hacerlos parte de ella, y juntos, convertidos en uno, fundidos y disueltos en sus semejanzas se elevaron. Formaron una espiga, un obelisco, un monolito de Quiriguá, similar a una torre humana; la que, en la cúspide, continúa atrapando el elemento que regularmente anda ausente.

Vueltos todos uno, con el empeño de un clavado y la fuerza que da la gravedad del ritual, se precipitaron en picada hasta llegar al suelo y aprovechando el impulso, esa misma fuerza los impulsó encadenados entre sí de vuelta hacia arriba, convertidos en una especie de proyectil, como bala de cañón derrochante de velocidad en su ascenso. Gastando energía. Trepando.

Escalando por las invisibles e infinitamente incontables, incalculables, hebras con que se tejen los ambientes, etéreos personajes de permanecía perenne y de carácter subrepticio. Proyectil convertido en nave, iba transportando a los caballeros vueltos uno. Todos, uno. En su nave. Así fue como llegaron, en pelotón. En unidad de combate. Saliendo de tierras foráneas con la misión de conquistar palacios y recintos de hidrometeoros, divididos en estratos. Se dividieron y comenzaron su avance para cristalizarse en el ejército de mayor volumen...

Esto sucedió cuando el reloj se echó a andar al revés. No volvió a llover. Convirtiendo al planeta en una inmensa bola desértica orbitando en el espacio. La primera gota de agua de la última tempestad, al hacer impacto sobre el suelo y formar la típica corona, involucionó y fue de vuelta hacia arriba como diminuto proyectil. Una gota en ascenso en contra de toda gravedad, simulando una pequeña nave espacial. Retornó. Se cansó de regalar vida. Volvió a su recinto hidrometeoro. Nubes de categoría estrato.

Fue la última tempestad...

Sept. 2012

Leyenda del Tajú

Minutos como ladrillos, ladrillos como minutos. Puestos en el muro tridimensional de la materia, se convierten en frío y neblina al caer de uno en uno, rasgando a su paso, como costal de azúcar, nubes que parecen mantones de fantasmas en medio del pasillo que se forma en el volcán de las dos cúspides. Veloces, cajitas de intervalos de tiempo y barro endurecido, son súbitamente, ladrillos como minutos lanzados con el impulso de una catapulta, cuando brincan del medidor del tiempo. Tic-tac, tic-tac, va transformándose, despojándose de arenas que se vuelven neblina en su carrera. Adquiriendo formas, como si el tiempo estuviese hecho de arcilla y la tierra fuese su mesa de ensayo. Unos se vuelven ponchos de lana. Otros, pocillos de barro sudado llenos de café caliente o chocolate con arroz. Se transforman en tortillas, hamacas de chiltepes y frijoles que, con mano mecedora, terminan en la boca. Frenándose, entre las cuerdas del universo, van sujetando su acelerado camino, hasta detenerse nuevamente vueltos materia, ya en las laboriosas manos del Tajú.

Sólo el sol y el trino de las aves, le suman o restan horas al día, en un mundo donde no hay relojes ni calendarios. El medidor del tiempo es la rotación de las estrellas, gigantes milenarios y dioses de nombres según su mitología, embriagantes luces para un mundo que tiene la creencia de ser el centro del universo, estático. Detenido en el tiempo. Aferrado con sus dos espolones, cada uno una cúspide. Dos cúspides de volcán muerto ya, inactivo, que está contemplando nubes como puestas en el tendedero del cielo. Nubes que salieron de su mismo aliento. Aliento que quedó atrapado desde los días de su grandeza. Épocas de titanes. De volcanes que iban formando la tierra con sus chimeneas de fuego y el rugir de sus mismas entrañas.

-Tierra! ¡Tierra! ¡Tierra! Haciéndola despertar entre bocanadas y ríos de lava. Hoy descansan. Hablan a través de las aves, que en sus trinos llevan el sonido de granitos de arena, porque en los buches tienen miles de relojitos de arena. Hablan a través del sol, que suena en las sombras que se estiran y se encojen como sonaría una bisagra sin aceite, porque el sol lleva en sí millones y millones de relojitos de hule sensibles al calor.

En el pasillo del Volcán de las dos cúspides se reúnen los elementales del viento, del agua, y de la tierra. Los tres, juntos para ajustar las cuentas que mantienen todo en relativo orden, mientras el elemental del fuego por ratos descansa en uno de los cráteres y por ratos se brinca al otro. ¡Emisario de ellos es el Tajú, que obtuvo su nombre de las aves que, por el camino, desde las faldas hasta llegar a medio volcán, antes de la cima, van gritando Tajú! ¡Tajú! ¡Tajú!

4220 metros fue la medida para el pico más alto. A 150 metros, se hace un campamento de aclimatación para aquellos que nos arriesgamos a subir, entre vientos huracanados, fríos de temperatura bajo cero, lluvias repentinas, neblina, nubes, poca visibilidad. Acampando en el pasillo que se forma entre las dos cúspides.

Esa noche a la luz de la fogata, todos envueltos en ponchos, tomando café o chocolate con arroz, mojando las tortillas en los frijoles con chile, íbamos pasando el frío. La noche despejó, y entre historias y planes de ascenso, una sombra pasó veloz. La fogata titubeó un poco y casi se apaga. Finalmente, escuchamos el eco de las aves que a estas alturas ya no anidan. ¡Tajú, Tajú, Tajú!

Tic-tac, tic-tac, tic-tac…

Nov. 2012

La mansión de los árboles de cera

...Parecían, los árboles, doblegarse al calor del aliento de las bestias; derritiéndose, como si estuviesen hechos de cera.

Aprisionados, estrangulados a medio respirar, cada uno era el centro de un universo verde y escandaloso. En medio de una jungla de árboles de cera, los árboles sudaban el peso de sus ramas. Piojos de aquella inmensa hojarasca, apabullante, los micos se enseñoreaban entre los frutos dándose el banquete de sus vidas, reducidos a vulnerables seres de tan colosal e inmensa flora que toda la fauna, a la que daba albergue, se veía pequeña, insignificante, irrisoria por lo que debieron unirse y formar grandes grupos para revertir esa condición.

Ínfimos en la grandeza de un microbio cósmico, vivo aún antes del Big Bang.

Los árboles lloraban, lloraban resina. Lloraban la lluvia que se detuvo entre sus ramas, en el guacalito de las hojas.

Biosfera, gestora de milagros. Poesía hecha verbo en vida. Cada árbol, una nota puesta en un pentagrama absurdo, inmenso, eterno, bello, indescriptible. Con su luz del plato grande, que llama con lengüetazo de fuego, iba secando el vestigio dejado por la noche tras su rastro de humedades. Rastro con ojos de jaguar, con sonar de murciélagos rebotando en los árboles de hule, con estrías dejadas por las serpientes en los caminos, sobre suelos embarazados de árboles nuevos, de vida nueva, de flora nueva. Nuevo, todo va de nuevo. Y la llama con refulgente denuedo, llama al día para secar el rastro de la noche. Día ardiente como la braza del sol, hijo de la Oscurana.

En la jungla, el mundo se dividía en dos. Los seres se dividían en dos sin entender la dualidad de sus existencias e inexistencias. Ángeles y demonios. Todos en uno y la unidad del dos. La dualidad del plato grande, donde todos quieren comer. Platón. Platón de manjares, de machos y hembras divididos en dos para liar su independencia. Y en esas dualidades, los seres que habían pasado la noche dormidos, empezaban a bajar de las ramas de los árboles de cera, sus barrios. Resbalándose. Llegaban al suelo con sonoridad de llanto, a caite mojado. Almas que lloran y llaman.

Decididos y en grupos numerosos, caminaron a tomar las "en bajadas". De muchas junglas salió el llamado y todas las junglas unidas, así lo hicieron.

Livianos, los árboles, dejaban de cargar a tanta bestia y empezaban a montarse el calor del día. Sofocante calor. Sus hojas empezaban a ponerse calientes, llamitas sobre sus cúspides en lugar de hojas.

La floresta, iba quedándose atrás, mientras los animales como sincronizados por telepatía, se alejaban dándole la espalda a la vegetación. Salían del calor. Cada paso, era como liberarse de a poco de una mano caliente que los sujetaba. Se desprendían y subían la colina de sus sueños donde podían voltear y ver la jungla de cera a sus pies. Al otro lado, separados únicamente por la verde espesura, un Santo de plato grande a quien le rezaban. En su plato grande tenía licor, cigarros, tortillas viejas y tiesas, habanos o puros baratos, nombres escritos con mala ortografía en pedazos de hojas de papel, peticiones mal escritas, velas y más velas que parecían arbolitos de cera.

Empezaban, las bestias, a convertirse nuevamente en hombres y mujeres. Los árboles de cera en lo que siempre fueron, velas de todos los colores, encendidas y gestoras de prodigios.

Llorando parafina entre pecados y milagros, un viejo brujo pactado con el ciclón del 26, prendía y apagaba las llamitas que formaban su jungla plagada de calor…

Nov. 2012

Algo y nada

• • •

Epílogo

•

Ene. 2013

Artesano de diamantes

...Refulgente destello que hipnotiza
solivianta a seres de esta historia tirante
que encuentra su ángulo en sombra rojiza
y es piedra pulida, convertida en diamante.

Sus silencios, rezumaban recuerdos.
Rústicos, opacos, con destellos de perfección.

Habían entrado por montones
a la sala artesanal,
casi como reces al matadero
pero las piedras no se comen,
se pulen con el cincel de la convicción
y la lija del verbo, para que brillen.

Para ser perfectos, imprescindible era tener
aptitudes.

El ser es gema de resplandor oculto,

presa de sus debilidades, trapicheado por sí mismo,
cualquier convicción lo transforma en adlátere improsulto
puesto en oferta antes de ser pulido.

Vidas enredadas en las vueltas del diábolo
de un juego déspota en prado de muerte
levanta vuelo nefasto de polo a polo
y en la ignorancia, echada está la suerte.

El fulgor de la castidad,
esbozado con esfumino en sus miradas,
había sido como esas nubes
de días ventosos, tormentosos,
que están de paso en los cielos
cargadas de toda calamidad,
y en el resuello de los sucesos,
extraviado había quedado
en el túnel de sus ojos;
el que, en otras instancias,
debería conducir a sus difuminadas infancias.
Almas perdidas entre granadas,
aún vagan en el limbo de las pesadillas
con voces de espanto, dolor, odio,

valentías sobrepuestas,
dejando de estar, cuando despidieron las
sonrisas de inocentes chamacos.

Cambiaron el miedo por el odio…

Con las armas empuñadas,
esos diamantes adquirían todo el brillo.
Niños convertidos en hombres.

Hombres convertidos en carne y hueso,
negociaron su conciencia
por voluntad o a la fuerza.
Cambiaron entre tantos anocheceres
y amaneceres de montaña,
bajo el ataque de un enjambre
de abejas de plomo que al picar mataban.

Dulce y bella fue la astuta mentira
lo que en manos del hombre dice ser perfecto
traición y dolor del sueño que inspira
muchos cayeron presas de un camino abyecto.

¡Dadme una pluma que de testimonio!
Los caminos ocultos por donde

anduvieron mis pasos, seguirán escondidos,
pues he decidido borrar el nombre del hostal.
Se entraba como uno y se salía siendo otro.

Ahí, en esa hostería de insurgencia activa
aún después de firmados los acuerdos de paz,
vi mucha Europa en Latinoamérica,
todos servidores de los partidos de izquierda,
amparados en las guerras del tercer mundo
justificaban una supuesta ecuanimidad
y causa de honesta existencia,
mientras en este lado del charco
la infancia se convertía en sinónimo de
combatiente.

Ya se cocinaba desde entonces,
en celebraciones del año internacional
del Deporte y del ideal Olímpico,
pan clandestino con los ojos
puestos en Venezuela,
como tratándose de un misil de diamantes,
lanzado desde afuera y del cual
nadie tendría advertencia.

-Médicos, enviad médicos, arte y deporte,
y como en un "Sandwich"
Prepararles con el jamón espía…

Así se fue escribiendo la historia.

¿Es a esas izquierdas a lo que hoy se apuesta?
¿O es que, para ser intelectual,
hace falta tragarse las mentiras de igualdad
de una filosofía que resultó ser el camino del
separatismo?

Así triunfaron y clavaron su bandera,
¡Aquí les adjudico una corona!
La historia siempre dice:
Seréis los reyes y seréis los payasos.
Pero aun cuando estén disfrutando de una latente
victoria política, su fracaso está hoy
en la psique colectiva;
izquierdismo, socialismo, comunismo,
son vistos como sinónimos de traición;
algo que, en algún momento, será incluso
reconocido en todos los diccionarios.

"Libertad sin igualdad es una entelequia" ...
Falacia, troncada en bella canción;
insurrecto, corazón de diamante obsequia
seducido por nueva religión.

Seguí andando, orgulloso,

la aventura entonces,
opacaba a la duda
pero ésta fue ganándole pie a mis andares,
alejándome de conversaciones cotidianas,
disintiendo con los despojos de una justicia
vejada,
secuestrada por sátrapas
vestidos con el traje de moda.
Todos luchando por llevarse la copa a casa
como si se tratase de un juego de fútbol,
mientras el hombre de negro
pedía asistencia a sus vigilantes guarda líneas.

Del pasado resucitó el discurso
inflando los ánimos de un nuevo clamor
vidas se entregaron en el incurso
con pertrechos de destrucción y falso amor

El sol, continuaba en su caminar imparcial,
alzándose entre los alzados,
como lanzado con honda
sobre una quimera
donde todo se edificaba ayudado por arquetipos.
No, no se levantaba el rey astro,
era el mundo que llevaba rato dando vueltas

y en cada rotación, la vida.
El pintor, reuniéndola y dibujando un cuadro.
El escritor, embriagado de imágenes,
impregnaba en etílicos alientos sus letras
alcoholizadas,
azucaradas, añejadas a punto de vinagre,
con su mirada fuera de este mundo.
Viajando, a donde el escultor
erguía un monumento abstracto,
formas irregulares y locas
de vidas sin sentido,
deslizándose por un tobogán ilógico
lleno de flores a sus pies;
todos son, lugares de eternas primaveras,
llenas de abejas polinizándolas.
Zunzunes,
zumbidos de notas bajas,
que el músico les arrancaba a las profundidades
donde todo apesta,
donde los demonios hacen orgías del dolor,
donde siempre hay espacio para nuevos
visitantes,
donde el alma, convierte la tragedia en arte
y donde el arte subjetivo y utópico
levanta al sol.

Ese mismo sol del cual el artífice
se aprovechaba para sacarle el centelleo a los
diamantes,

desde la isla de los zunzunes y el caimán
dormido.

...El viejo artesano siguió comprando vidas
con ansias de un bermejo continente
fomentando élites traidoras y podridas
lucrando, revolución indolente...

Jul. 2014 –
Oct. 2014

Nadie se detiene, bailando son

...Bailando están.

Nadie se detiene
la constante del sube y baja
no aparece ni en los cálculos de la física,
aunque debería.

El físico se oxida como se oxidan los elementos
y hasta el vino se vuelve vinagre.
Un espíritu madurado en la paciencia
y amargado por el descuido de fantoches.

 Agria es la vida,
pisotear a unos para escalar,
hacer uso de la zancadilla para que alguien caiga,
la realidad es que
nunca sabremos en qué punto estamos
hasta preguntarnos qué hacer con los escalones...
Nadie se detiene,
bailando,
frenéticos todos tras el oxígeno,

vueltos bombas de hidrógeno,
amenazantes.

Por si no lo sabéis, ya estamos en la tercera,
avenida guerra,
calle conflicto,
esquina del apuñalado,
entre segunda y tercera llegamos.

Bailando estamos en la tercera,
guerra mundial
de autopistas llenas de durmientes.
Vías de ferrocarril,
construidas a fuerza de costillas rotas y oxidadas,
y un tren redondo
rodando a todo vapor,
echando humo por sus volcanes,
rondando imparable,
transportando a los rendidos del camposanto,
esperando milagros.

Lázaro: -Anda y lúcete.

Despertar a los muertos
entre tambores de guerra y tambores de muerto,
los oídos retumban bombazos de hidrógeno,
el suelo exhala hongos enfurecido
como bramido de toros,
no son más que las fosas nasales de la angustia

muriendo por oxígeno.
Condenados estamos a la actividad,
en el momento de frenar
la salud se deteriora,
la vida es ansiedad,
la ansiedad el carbón
el carbón nuestros sueños fósiles.
Los fósiles, ancianos apacibles que regalan
sonrisas.
Las sonrisas son las mentiras de los políticos.
Los políticos, todos los que suben y bajan
son.

Porque ya nadie se detiene.
Bailando están.
Bailando son...

Jul. 2014

La lucha de los desnudos

(Vendrá).

Primer canto

La libertad no existe,
delirio de infinitas moralejas,
es otra fábula de la vida…
Fue, en una noche de pasos silentes.
Después de arduos días de labores,
llegaron las protestas
y arribaron los sacrificios,
las risas,
los llantos, cantos,
tantos mantos hartos;
embebidos de llantos,
en el descuaje de las ilusiones,
cuando el artesano de diamantes
intentó hacer reposar
a la libertad en su yacija.

Existió.

Auxiliada,
por cualquier señal,
de cualquier signo ortográfico.

¿Existió?
Existió...
¡Existió!

En sí, sólo la existencia...
Dónde quedó pues la libertad.
Acaso ¿entre ruinas del frondoso prolongado?

Verde, quedó manchado de rojo,
entre guerrillas y narcotráfico
hoy todo se confunde.
Perdida, acida, podrida.
Confusa trotamundos.
Ambulante, mendiga progreso,
y de eso,
sacaron partido los del Alba.

No puede existir
aquello que declina
al convivir entre ruines...
Y se le hiere de muerte
cuando el lenguaje se vuelve ambiguo:
-Los ruines nos traen la ruina
pintada de rojo rojo rojo rojo rojo rojo rojo rojo...

Con mucho tino me dijo la Zarzamora:

"Por suerte la memoria sigue viva
gracias a todos los que no olvidan,

y recuperan y siguen manteniendo vivos
los testimonios de aquellos que perdieron sus
vidas por ella,
para tumbar un sistema que ya había nacido
obsoleto.
Y por todos ellos, la libertad ¡sí existe!
...y seguirá existiendo".

¿Existe en el delirio libertario?
Sí que existe,
¿Por qué es esencia
del hombre que aprendió
a volar sin alas?
De aquella serpiente que se levanta
...con plumas, se levanta.

Al haber sido provisto de razón,
se perdieron en el trueque
aquellos atributos con que gozan los animales.
Fueron amputados.

¡Prestancia!
es lo único que necesitan
para volar desde sus lenguas,
desde sus verdades, desde sus idiomas revueltos,
y unirse en la gran marcha continental.

...Y en el silencio de gobiernos cómplices
¡A tomar las en bajadas!

Ellos están para servir a sus pueblos
nunca los pueblos para servirles a ellos.
Marcha que viene caminando
con el tic-tac al que tanto temen.

La libertad está en manos
de aquellos que han despertado
y con valentía la llevan en el pecho
haciendo frente al hoy frágil
cicatero artesano de diamantes,
que nadie es, sin el apoyo
de aquellos quienes le levantan…

Segundo canto

…No es un delirio esta semilla de libertad
De épicas luchas es la victoria conseguida
El bravo pueblo tiene hondas raíces de vida
Venezuela, demanda su única facultad

Pa´ fuera el invasor
Aquí pierdes batalla
Armados con fervor
Hoy tu derrota estalla

En himno de guerra a recuperar la verdad
La octava estrella es imagen de avería incluida
Que será devuelta a los Castro en su cobarde
huida
Al vernos desnudos luchar ciudad por ciudad

Vamos ya con amor
Pueblo unido es muralla
Ya levanta el estor
Veloz huirá el canalla

FInal de tu vida brillo es la inmoralidad
DELeble será el recuerdo e imagen destruida
CAScajo de huesos y pellejo que va en salida
TROpezón de la historia sucumbió en la
verdad…

Tercer canto

Hay un poema sin fin…

Es en realidad un clamor,
un derecho, una identidad,
reside en el corazón de toda nación.
Propietario eterno

de luchas y verdad.

No, no es un delirio,
aunque los gobiernos callen
convirtiéndose en cómplices de la crueldad.
En manos de la historia quedará
reivindicar a todos aquellos caídos
que no permitieron al invasor
usurpar, lo que éste a silentes voces,
decía era parte de su propiedad.

La lucha de los desnudos vendrá.
¡Calle 350 ya!

No es un delirio,
Simplemente es la libertad…

08-11-2014

LSD

Permanecía dormido, atado siempre a la trencilla de sucesos por donde patina la vida,
una pista de hielo, disfrutando de la modorra que me condenaría a ser víctima de las circunstancias o verdugo de mi propio ser. Cretino, sonriente, pastoso, conocía a mi otro yo.

Viajando en un cómodo más allá, lejos de parecer un extraterrestre empecé a adquirir condición parasitaria. La relación del tamaño entre la cabeza y mi cuerpo empezaba a convertirme en un hongo.

LSD.

El hongo nuclear *"La Sanguinaria Detonación".*

Jun. 2012
Sept. 2014

Big Bang

Sonríe, el flash viene súbito.

Ago. 2012